普賢行願品白話解釋

一切圓滿盡無餘　利樂一切眾生界

親睹如來無量光　現前授我菩提記

黃智海◎演述
妙真法師◎鑑定

華嚴是經中之王，
而《華嚴》的歸根結穴，在於〈普賢行願品〉，
〈普賢行願品〉的歸根結穴，又在於淨土。

華夏出版公司本著「弘揚傳統文化，好書永世流傳」的理念，因舊版圖書年代久遠，囿於時空因素，在尚未能聯繫到原著作人並取得同意下，重新出版了這本著作，如有侵權，敬請著作權人或其親友和華夏出版公司聯繫，謝謝您。

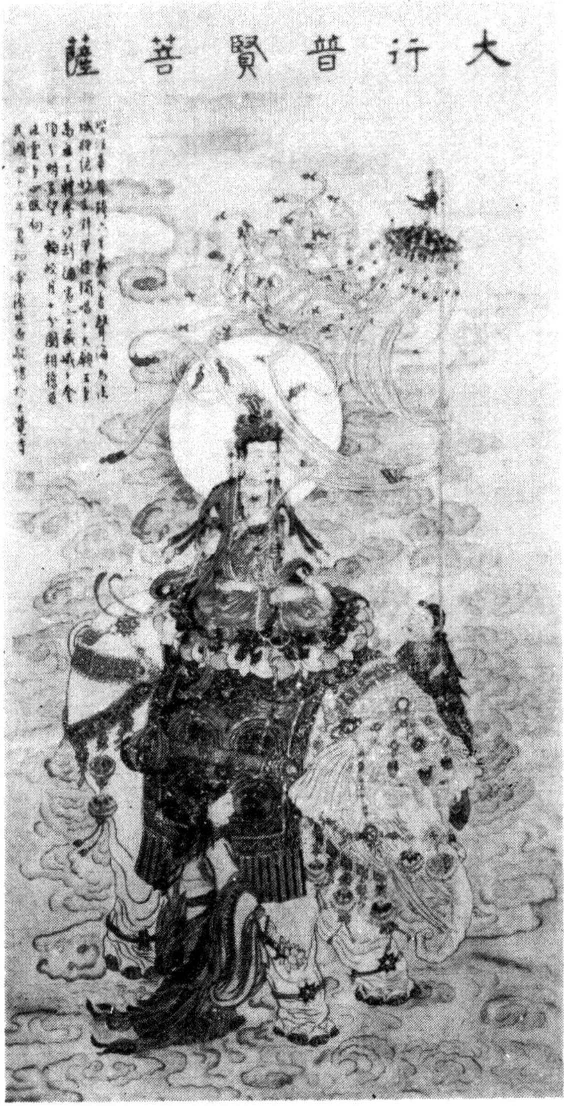
大行普賢菩薩

華嚴經普賢行願品白話解釋序

蘇州靈巖寺釋妙眞

法華經說。我此九部法。隨順衆生說。佛是隨順衆生而說法的。諸菩薩四無礙辯中的詞無礙辯。便是於諸方言辭通達自在的意思。這樣可以證明佛菩薩說法。必定隨順衆生。而且通達一切衆生的言辭。

語言和文字。是弘揚佛法最重要的利器。即使禪宗不立語言文字。然而也用楞伽、金剛印心、也傳布了許多語錄和傳記。現在我們既然要運用語言文字來弘揚佛法。那麼語言有楚夏之殊。文字有今古之別。對東方人說法。而用西方的語言文字。對現代的人說法。而用古代的語言文字。所得的效果。一定是很渺小的。因爲這樣的說法。便是缺乏了詞無礙辯。不通達一切衆生的言辭。不能隨順衆生。

佛經是從印度傳來的。起初本來都是用梵文寫的。到了中國。許多譯經的大師。纔把梵文譯成漢文。使中國人能夠讀誦、解說、受持、修習。但是語言和文字。是時時在變遷着。到了現在，一般社會上所運用的語言文字，早已不是從前譯經時所用的語言文字了。語言文字，既已發生了變化，佛教教義的傳布，也就受了很大的障礙，因此在現在的弘法工作中，用現代的語言文字來解釋佛法，已成爲最迫切需要的任務了。

黃涵之老居士，深入經藏，具大悲心，他早已看清楚這一個問題，用現代的語言文字來解釋佛經，是當前迫切需要的工作。所以在十幾年前，就著了阿彌陀經白話解釋一書，用語體文來解釋阿彌陀經，由弘化社出版，印行幾萬册，風行全國，在弘法的工作上，起了很大的作用。最近又出版了朝暮課誦白話解釋，也一樣的爲全國佛教徒所愛讀。

現在黃老居士又把他自己的作品、普賢行願品白話解釋稿本，出示於眞，經過詳細的閱讀，確已把行願品的精蘊，用語體文表達出來了，可說是一種成功的作品。預期出版以後，也一定會和阿彌陀經白話解釋、朝暮課誦白話解釋、同樣爲全國佛教徒所愛讀。

普賢行願品、在八十卷華嚴中，名入法界品，因爲八十華嚴文來未盡，從普賢菩薩說偈讚佛以後的文字，都缺畧了。到唐德宗貞元年間，南天竺烏荼國王、進呈大方廣佛華嚴經、入不思議解脫境界、普賢行願品四十卷，前三十九卷，就是八十華嚴的入法界品，不過文義比較詳盡。第四十卷，却是前譯所無，便是現在所解釋的這一卷經。當時清涼國師，曾著華嚴疏鈔，後來又特爲這一卷經普賢行願品第四十卷製疏別行，而即稱之爲普賢行願品。

這一卷經，在華嚴全經之末。普賢菩薩對善財童子說，「如來功德，假使十方一切諸佛，經不可說不可說佛剎、極微塵數劫、相續演說，不可窮盡，若欲成就此功德門，應修十種廣大行願，下面就是詳細分述十種廣大行願。」這十種廣大行願，便是成就如來功德的法門。華嚴是經中之王，而這一卷經，在全經之末，列示如來功德，正是經王的歸根結穴，可見這卷經，在整個佛法中的地位了。

這一卷經，既是華嚴的歸根結穴，而同時又極力提倡淨土。如經中所說，「又復是人臨命終時，最後剎那，一切諸根，悉皆散壞，一切親屬，悉皆捨離，一切威勢，悉皆退失，輔相大臣，宮城內外，象馬車乘，珍寶伏藏，如是一切，無復相隨，唯此願王，不相捨離，於一切時，引導其前一刹那中即得往生極樂世界到已即見阿彌陀佛文殊師利菩薩普賢菩薩觀自在菩薩彌勒菩薩等此諸菩薩色相端嚴功德具足所共圍繞其人自見生蓮華中蒙佛授記得授記已經於無數百千萬億那由他劫普於十方不可說不可說世界以智慧力隨衆生心而爲利益不久當坐菩提道場降伏魔軍成等正覺轉妙法輪能令佛刹極微塵數世界衆生發菩提心隨其根性教化成熟乃至盡於未來劫海廣能利益一切衆生」又說「願我臨欲命終時盡除一切諸障礙面見彼佛阿彌陀即得往生安樂刹我既往生彼國已現前成就此大願一切圓滿盡無餘利樂一切衆生界彼佛衆生咸淸淨我時於勝蓮華生親覩如來無量光現前授我菩提記蒙彼如來授記已化身無數百俱胝智力廣大徧十方普利一切衆生界乃至虛空世界盡衆生及業煩惱盡如是一切無盡時我願究竟恆無盡」

這樣看起來淨土又是這一卷經的歸根結穴因此我們就得到這樣的結論華嚴是經中之王而華嚴的歸根結穴在於普賢行願品普賢行願品的歸根結穴又在於淨土所以古代大德把這一卷經特別提出和阿彌陀經觀無量壽佛經無量壽經楞嚴經勢至菩薩念

佛章並行。稱爲淨土五經。是有其很深長的意思的。

我現在預祝願讀過這本經的人。都能夠受已能讀。讀已能誦。誦已能持。乃至書寫廣爲人說。願讀過這本經的人。都爲諸佛菩薩之所稱讚。爲一切人天之所禮敬。爲一切衆生之所供養。悉能遠離一切惡友。悉能制服一切外道。悉能解脫一切煩惱。更要說願願一切衆生。皆得往生阿彌陀佛極樂世界。

黃老居士還表示要著觀無量壽佛經。無量壽經。楞嚴經勢至菩薩念佛章的白話解釋。完成淨土五經的白話解釋。我很歡喜。願黃老居士這個願望。早日實現。令全國的佛教徒。都能夠接受淨土宗的高風。而得到往生極樂世界的利益。

大方廣佛華嚴經入不思議解脫境界普賢行願品白話解釋的看法

我在用白話來解釋觀世音菩薩普門品的時候.發過一個願心.要把普賢菩薩的行願品.照了普門品白話解釋的格式.也來編成功一本白話解釋。因爲用功佛法的居士.不論男女.大都喜歡念普門品.同了行願品兩種經的。並且這本行願品.是普賢菩薩爲了要引導煩惱衆生.出離苦海.巴望修行的結果.能够往生阿彌陀佛西方極樂世界.所以發一個極大極大的願心.把自己做一個榜樣.給衆生看.就算是普賢菩薩自己要往生極樂世界.所以發這種大願心的。使得聽到的人.大家要想普賢菩薩已經是修到登地大菩薩的地位了.【登地.在經題底下.有詳細注解的。】還在求往生極樂世界.那末我們孽重的凡夫.怎麼可以不勇猛的修學佛法.大家都發往生極樂世界的願心呢。所以這部行願品.就成了勸人修往生極樂世界的淨土經了。從前大法師編淨土四經.就把行願品加在裏頭的。先師印光老法師編的淨土五經．也把行願品加在裏頭的。所以修淨土的居士．更加喜歡用功行願品了。行願品的經文．雖然不多．但是經文的意義．同了文字．都是很深的。我恐怕文理不很明白的人．不容易懂．所以也編成了白話解釋．做初發心學佛的男女居士們小小的幫助。這本行願品所講的．就是普賢菩薩發的十個大願心．在朝暮課誦白話解釋下卷裏頭．已經大畧解釋過的。看這本行願品白話解釋的各位．可以請一本朝暮課誦白話解釋來看看．因爲朝暮課誦裏頭．有許多名詞．許多經句．【經句．就是經文的句子。】同了行願品是一樣的．能够把這兩種白話解釋．比較看看．更加容易明白了。有些名詞經句．在阿彌陀經．或是心經等各種白話解釋裏頭．已經解釋過了的．就大畧講講。另外在小註裏頭．說明白在某種白話解釋裏頭．有詳細解釋的。我所以這樣的省便做法．有兩種希望。一是希望看這本行願品白話解釋的男女居士．趁這個機會．看看朝暮課誦白話解釋．可以引動他們做朝夜課的念頭．大家就都可以多做些學佛的功課．多積些修學佛法的功德。二是希望看看阿彌陀經白話解釋．可以引動他們求往生西方極樂世界的念頭．將來大家一同往生阿彌陀佛西方極樂世界去，這不是極妙的事情，極大的利益麼。還有一句很要緊的話，不可以不向看這本行願品白話解釋的各位男女居士說的，華嚴經上所說的，都是佛的境界，不是我們凡夫所能夠想得到的，譬如我們中國古時候，在夏朝商朝周朝的時代，國裏頭的土地，恐怕還沒有現在五份裏頭一份的大，倘然在那個時候，有人說中國的外邊，還有許多許多的土地，許多許多的大小各國，中國是在亞細亞洲的，亞細亞洲的外邊，還有歐羅巴等六個大洲，都在這一個地球上，地球外邊，還有日球月球同了無窮無盡的種種星球等等，像這樣的許多話，恐怕聽的人，都要笑這個說話的人，是在那裏發瘋。現在輪船火車飛機都通了，全地球七大洲，都可以來來往往了，大家都可以相信這些話了麼。現在科學一天發達一天，地球以外的日球、月球、星球等，將來或者也可以乘了飛機，或是又有新發明比飛機還要特別靈巧的東西出來，到天空裏頭隨處去遊歷了。請問倘使在幾千年前說這些話，那一個人肯相信。所以我們看了華嚴經，同了別種佛經上所說的話，只要認定佛菩薩決沒有妄語的，看了應該要深信切信，不可以稍稍夾雜一些疑惑的念頭．增加自己的罪過。將來修的功夫深了．得到了六通的時候．自然會明白的。這是最要緊的．務必要牢牢記住的。

大方廣佛華嚴經普賢菩薩行願品白話解釋

妙眞法師鑒定　黃智海演述

大方廣佛華嚴經。

【解】把經名先解釋了、再解釋品名、覺得容易明白些。現在先把經名大畧講一講。大方廣佛華嚴經七個字、【華字要在下邊左面加一圈、讀做花字音、解釋也同花字一樣的。】是本師釋迦牟尼佛說的一部佛經的名目。【釋迦牟尼佛、是我們這個世界上的教主、所以稱本師。】簡單說起來、就只說華嚴經三個字。但是大方廣同了華嚴五個字的意義、都是很深、解釋起來很煩、下一段【釋】裏頭、都會講明白的。

【釋】大方廣的一個大字、包括大多勝三種道理。佛的法身、【法身、是一切的本體。一切的法、都是自己的心性變現出來的。所以自己的心性、就叫法身。不過也是勉强叫的因爲並沒有身體的形相、所以實在只應該叫法性。佛因爲證得了自己的心性、所以佛就證得了法身。佛法大意裏頭、也有講到法身的、可以一同看看。法字、在佛經裏頭、不論什麼事情、什麼東西、什麼境界、凡是有名目叫得出的、都可以叫做法。○本體兩個字、很難解釋的、勉強講講。體、是體質、就是實在的質地、加一個本字、就是本來有的實在的質地、不是空的。心性、是衆生本來有的淸淨心、也可以叫做自心、自心是人人天然有的性德、性德、是本性裏頭天然有的好處。證得、是本來有的智能夠同了眞實的理、和合攏來的意思、這個得字、是到了什麼地步的意思、不是有什麼東西得到的意思、所以不可以說得、只可以說證。【大到無量無邊的、所有一切一切的境界、法身都周徧布滿的、這是用一個大字的道理。佛的種種智慧、又多又高、到無窮無盡的、叫做一切種智。【明白見到一切法、是一個眞空的理性、沒有兩種相的、叫做一切智、能夠從一法裏頭推開來、悟到一切法、都是非空非有、不可思議的道理、叫做一切種智。在朝暮課誦白話解釋卷首、佛法大意裏頭、也有一切種智的解釋、可以一同看看。○相字、是形相的相、不可思議四個字、是不可以用心思來想言語來說的意思。】這是用一個多字的道理。佛證得最勝的妙法。超過菩薩的境界。能夠教化度脫一切衆生。使得他們自由自在。沒有一些阻礙。這是用一個勝字的道理。方字、是軌則的意思。【軌、是車輪行的路。像電車。應該在電車軌道上行。火車應該在火車軌道上行。不依了軌道亂行。車就有翻倒的危險。譬如眞實的道理。是一切衆生應該行的軌道。若是不依照眞實的道理修行。就有墮落的危險。】佛經的意義。又多又深。不可以用尋常的見解來猜測。叫做廣。若是照講經法師的講法。那就一定要把大方廣三個字。分體相用三種道理來講了。但是道理太深。初學佛法的人。不容易明白。所以我現在雖然也學法師的講法。分體相用三種道理來講。但是只用淺近的說法。大畧講講。先把大方廣三個字。合併起來講。實在就是說佛同了衆生的心性。是同體的。【同體、是質地相同的意思。譬如說水同了波。或是水同了冰。雖然看起來形相是不同的。但是實在的質地。還是一樣的。沒有絲毫分別的。所以叫同體。有人問。佛同了衆生。既然是同體的。爲什麼佛是佛。衆生是衆生呢。這是因爲迷悟染淨不同的緣故。佛的心、是清淨的、覺悟的、衆生的心、是染污的、迷惑的、所以佛同了衆生、就隔絕得天高地遠了。染污、就是不清淨。】心性能够包含十方、周徧法界的。【界字、有種子和界限兩種意思。一切法都依了法界纔有的、所以叫法界。又統攝一切法的、一切法都依法界做界限的、所以叫法界。譬如佛的境界、就叫佛法界、地獄的境界、就叫地獄法界、從佛道起、菩薩、緣覺、聲聞、天、人、阿修羅、畜生、餓鬼、地獄、總共十道、就叫十法界。】心性的大、沒有東西可以比喻的。若是把大方廣三個字分開來講、那末大字、是心性的體。這個心性清清淨淨、沒有絲毫染污、沒有忽然生長、【長字、要在左角上邊加一圈、讀做掌字音。】忽然消滅的變遷、也沒有過去和將來的分別、能够統攝一切的法。【攝字、是收的意思。統攝、是說所有一切的法、都能够收攝的。】所以這個體的大、直可以說是包含十方、周徧法界的了。方字、是心性的相、也可以說是心性的量、這個相比虛空還要大、虛空、可以說有邊際的、這個相、不可以說有邊際的、所以這個相的大、實在是豎窮三世、橫遍十方的了。【過去世、現在世、未來世、是一直下來的、所以叫豎。東南西北四方、東南西南東北西北四角．同了上方下方．是周圍推開去的．所以叫橫。三世的過去世．是儘管可以推上去．未來世是儘管可以推下去．那裏會有窮盡呢．現在偏偏說要窮盡．四方、四角、上下．是儘管可以推出去．那裏能夠周徧呢．現在偏偏說要周徧．那都是形容大到不可以再大的意思。】廣字、是心性的用。【用字、是作用的意思。】心性作用的力量．能夠立一切法【立字、是造的意思．不論什麼法．都是這個心造出來的．所以叫心性能夠立一切法。】能夠包含十法界【十法界．是佛界、菩薩界、緣覺界、聲聞界、天界、人界、阿修羅界、畜生界、餓鬼界、地獄界．心能夠包含十法界．就是說十法界都在人的心裏頭。一心修一切功德．完全圓滿．就成佛。一心修六度萬行．就成菩薩。一心修十二因緣．就成緣覺。一心修四諦．就成聲聞。一心修上品十善業．就生天道。一心修中品十善業．就生人道。一心修下品十善業．就生阿修羅道。犯下品十惡業的．生在畜生道。犯中品十惡業的．生在餓鬼道。犯上品十惡業的．生在地獄道。○六度萬行、十二因緣、緣覺、四諦、聲聞、上中下十善業、上中下十惡業的詳細解釋．在阿彌陀經白話解釋裏頭．皆是大阿羅漢一節底下．都有的。】能够具足三千法。【具足、是完全的意思。三千法、是從前的大法師定的．說所有一切的法．都可以拿三千兩個數目字來包括的。】所以心性作用的力量．不是心思所能够推想得到．說話所能够形容得盡的。佛字、是梵語．翻譯中國文．是一個覺字．就是覺悟的意思。能够完全覺悟了．沒有一些些的迷惑．就成佛了。【完全覺悟．沒有一些些迷惑．是澈底的覺悟．澈底消滅了迷惑．那是一定要修的功夫、很深很深了．纔能够到這種境界．不是凡夫所可以隨便擔當的。】華字、是譬喻．因爲不論什麼東西．都沒有像華那樣的光明淨妙．有色有香．又能够結果實．所以拿華來題做經名．就是譬喻佛在因地的時候．所修的種種功德。【凡是佛經的名目．都是用人、法、喻、三種來題的。佛同菩薩．都是人．所以把佛菩薩名號來做經名的．就歸在人的一類裏頭。法、是佛法的名稱．凡是把佛法來做經名的．就歸在法的一類裏頭。喻、是譬喻．把一種很淨妙寶貴的東西．來譬喻這部經的種種好處．並且就用來題做經名的．就歸在喻的一類裏頭。因字、是根本．同了種子兩種意思．所以說修行是成佛的因．作孽是落地獄的因。地字、可以說就是地位。因地、可以說在修佛因時候的地位。】佛把這種像華一樣光明淨妙的修德．來莊嚴果地。【修德是在修行時候修的種種功德。莊嚴、是又端莊又尊嚴的意思。說得粗淺些．就是裝飾．但是這個裝飾．是用功德來裝飾．不是用物品來裝飾的。果字、就是因果的果．果地、就是已經結成了果的地位。】又佛在果地上所具足的萬德．【萬德、也就是種種的功德．用一個萬字．是形容功德的多。】也像華一樣的光明淨妙．佛又把像華那樣的種種功德來莊嚴法身．所以叫華嚴。又大方廣是法．佛是人．華嚴是喩．這六個字的經名．是人法喩具足的了。這部華嚴經、是本師釋迦牟尼佛成道後說法第一個時期說的。【佛成道後．說法四十九年．分做五個時期．這五個時期的說法．佛教的各派．各有不同．現在講佛法最通行的．是天台宗．所以就依照天台宗的說法．大畧講講。天台宗把佛一代的說法．分做五個時期．第一個時期．就叫華嚴時．因爲佛成道後說法二十一日說完的．就是這部華嚴經。所以依照了所說的經名．定這一個說法的時期．叫做華嚴時。第二個時期．是說華嚴經後十二年．在鹿苑地方說的．就把這個地名．做了時期的名稱．所以叫做鹿苑時．

也可以叫阿含時。因爲佛說華嚴經的時候．道場裏頭．許多小乘根機的人．聽了都不懂．所以在鹿苑地方．就專門說阿含經、四十二章等、小乘經。第三個時期．是在說阿含經後八年說的．又說大乘經．像維摩．勝鬘經．一類的經．叫做方等時。方字．同大方廣佛華嚴經的方字一樣的意思．佛在這個時期．大講藏通別圓四教的道理．是大乘小乘利根鈍根平等通行的軌道．所以叫做方等時。第四個時期．是在說方等後二十二年說的．所說的是各種般若經．般若、是梵語．翻譯中國文．是智慧兩個字．這種經．都是講智慧同了義理的．就依了經題做時期的名目的．所以叫做般若時。第五個時期．又在說般若經後二十二年說的．用八年的時間．說法華經．用一日一夜的時間．說涅槃經．也就依了經題做時期的名目的．所以叫做法華涅槃時。○天台宗．簡單說說．就叫台宗．是從前的大德智者大師立出這個天台宗的一派來的．因爲智者大師住在浙江的天台山．所以就叫天台宗．智者大師起初跟了南嶽慧思禪師．學佛法．讀法華經．研究的功夫很深很精的．得到了法華經的大利益．講起佛法來．就沒有人能够勝過他的．法華經精妙的道理．他都能够明明白白講出來．所以又叫法華宗。〇天台派的大祖師．把佛法分做藏通別圓四教．藏教是小乘法．通別圓三教．都是大乘法．但是一教比一教深．一教比一教高。圓教、是佛法裏頭最圓滿最高深的教．在朝暮課誦白話解釋大懺悔文裏頭．有詳細解釋的。】

唐罽賓國三藏般若奉詔譯。

【解】唐、是離現在一千多年前．我們中國一個朝代的名稱。罽賓、是一個國名。般若、是翻譯這一部華嚴經的法師的名號。佛經都是梵文的．【梵文、就是印度文．因爲佛同了編集佛經的人．是印度國人．所以用的文字．都是印度文。】譯、是翻譯．就是把印度的文、都翻譯成中國文。般若法師、是遵照了唐朝代宗皇帝的旨意．翻譯這部華嚴經的。

【釋】罽賓國、在北印度．也可以叫北天竺．【印度國地方很大．全國分做東南西北中五大區．叫東印度、南印度、西印度、北印度、中印度．合併攏來．可以叫五印度．也可以叫五天竺。】三藏、是經藏、律藏、論藏。【藏字、要在右邊上角加一圈．讀做狀字音．是包藏的意思。】經藏、是佛說的各種經。律藏、是講出家人同在家的修行人、應該守的各種戒法。像我們在家人、應該守國家的法律一樣的。論藏、是專門講許多佛法的道理的書。這一位法師、所以稱他三藏般若、是因爲他精通各種經、各種律、各種論的緣故。唐代宗皇帝很信佛法的、要把印度的佛法傳到中國來。所以請了罽賓國的般若法師到中國來、把這部華嚴經翻譯成中國文的。

入不思議解脫境界普賢菩薩行願品。

【解】入字、本來是進去的意思。這裏的入字、是了解開悟到眞實道理的意思。不思議、是心思想不到、言語說不盡的意思。解脫、是自由自在無拘無束的意思。【解字、要在右角上邊加一圈、讀做夜字音。是明白了解的意思。】解脫境界、是已經了脫生死、永遠不會再到有生死的境界裏頭去了。行願的行字、【行字、要在右邊上角加一圈、讀做恨字音。】是修的功夫、修的功德。願字、是發的願心。品字、同了一類的類字差不多的。是專門說一種法.或是專門說一件事情.就叫一品。說的什麼法.或是說的什麼事情.就叫什麼品。這一品所說的.都是普賢菩薩所修的功行、所發的大願.所以就叫行願品。

【釋】一個人能夠一些沒有拘束.永遠了脫生死.纔可以稱做解脫。並且解脫的境界【這個境界兩個字、同了程度差不多的.也可以說就是地位.修行一定要修到了這種程度.這種地位.纔能夠現出這種境界來。】是很有分別的.有高有低.有深有淺.有大有小.有永久有暫時.種種的不同。現在是有意想不到的解脫境界.那就一定是高的、深的、大的、永久的了.一定不是低的、淺的、小的、暫時的了。譬如就事相來講.一定是廣大到沒有邊際的.【邊際就是俗話說的無邊無岸沒有限制的意思。】所以能夠稱做不思議。若是就理性來講.一定是理性高深到沒有窮盡的.纔能夠稱做不思議。或是理同了事.各不妨礙的.所以稱不思議。或是性同了相.【這個相字、要在右邊上角加一圈的意思.就是形相。】都可以融通的.【融通、是可以和合攏來的.沒有阻礙的。】所以稱不思議解脫。到可以稱做不思議的解脫.那就決不是尋常的解脫了。並且一定要像普賢菩薩.

那樣的大菩薩．【菩薩的位子有十信位、十住位、十行位、十迴向位、十地位、同了等覺、妙覺、總共五十二位。等覺菩薩比了佛．已經有差不多相同的覺悟．在菩薩裏頭．是最高的位子了。妙覺、就是佛了。登地、是登了十地位的．不論登那一位．都稱登地菩薩。】纔能夠有這樣奇妙的境界。普賢菩薩的普字、是普徧沒有遺漏的意思．就是說佛法裏頭、所有種種精深高妙的道理．普賢菩薩完全透徹明白．沒有一些些不淸楚的。普賢菩薩又把自己所修的十個大願的功德．完全回向衆生．【回向、是不把所修的功德歸到自己身上去．把功德回轉來歸到衆生身上去．在朝暮課誦白話解釋裏頭講得很詳細的。】希望所有一切的衆生．一齊都往生到極樂世界去．將來個個衆生、都能夠成佛．沒有一個衆生、再留在這個苦惱世界上受苦．普賢菩薩的憐憫衆生．救度衆生．這樣的普徧．所發的願心．所修的功德．竟要普徧到所有一切的法界衆生．都得到很大很大的利益．所以稱普。賢字、是因爲普賢菩薩修到的果位．已經是等覺菩薩．同了佛的果位．只差一級．所以稱賢。】賢比聖、只低一級．所以也可以稱亞聖．亞字、本來是差一些的意思．所以亞聖、就是比聖低一級的地位。】這一品經文、是普賢菩薩說他自己發的大得了不得的十個大願心、普賢菩薩所修的、也就是修這十個大願心、所以叫行願。要曉得行同了願兩件事情、不可以少一件的、若是沒有願、只有行、那就修的功夫浮泛不切實了、若是沒有行、只有願、那是沒有修的功夫、怎麼能夠滿這個願、所以行同了願、是相聯的、不可以分開的。這一品的經文、是完全說普賢菩薩發的十大願心、又是完全說普賢菩薩修的功德、所修的就是普賢菩薩所發的十大願、不說別的事情的、所以專門立一品。並且就叫做行願品。又因爲願心是普賢菩薩發的、發了這個願心、又是普賢菩薩自己修的、所以切切實實的叫普賢行願品。入字、也可以說這本普賢行願品的精妙、直是進到不可以用言語來稱讚、不可以用心念來想像的地位了。全部華嚴經、總共有四十卷、行願品是最後的一卷、也叫入法界品。現在稱做入不思議解脫境界普賢行願品、是依照般若法師的譯本。

爾時普賢菩薩摩訶薩、稱歎如來勝功德已、告諸菩薩及善財言。

【解】爾時、是那個時候、就是佛說法的時候。菩薩摩訶薩、是梵語、完全說起來應該說菩提薩埵摩訶薩埵。菩提、是覺悟的意思。【覺就是不迷、悟就是醒悟。有不但是自己覺悟、還有要使得衆生大家覺悟的意思在裏頭。薩埵、就是衆生。摩訶、是大。菩薩摩訶薩五個字、併起來說、是覺悟衆生的大菩薩。倘然簡單講講、就是大菩薩三個字。】稱字、稱讚的意思、歎字有兩種解釋、一種是心裏頭不快活、所以歎氣、一種是快活很了、發出一種又佩服、又稱讚的聲音來。這一個歎字、就是發的又佩服、又稱讚的聲音。如來、是佛十種德號裏頭的第一種德號。【德號、是有了種種的功德、纔得到這種的名號。】勝字、是極好極大了不得的意思。已字、是停止完結的意思。告字、是告訴的意思。

【釋】普賢菩薩聽到了釋迦牟尼佛說的種種佛法、【下邊再說到釋迦牟尼佛、就簡單只稱一個佛字了。】覺得實在精妙到了不得、所以說了許多偈、【偈字、是梵語、也可以叫伽陀．翻譯中國文．同了稱頌的頌字．一樣的意思。在行願品以前的各品裏頭．普賢菩薩聽了佛說法後．每品都有偈稱讚佛的功德。佛經裏頭的句子．有兩種．一種叫長文．那是句子有長有短．不一律的．一種叫偈．也可以叫偈言．那是在一個偈裏頭的句子．長短都是一樣的．不過有的都是三個字一句的．有的四個字．或是五個字．七個字一句的．凡是說偈．都是讚歎稱頌佛的功德用的。○頌字．也是稱讚的意思。又偈字、還可以翻譯做歌字哩。】稱頌讚歎佛的功德．功德上加一個勝字的意思．是說這種功德．不是尋常的功德．是比什麼都勝過的功德。普賢菩薩稱頌讚歎完了後．向華嚴會上聽佛說法的許多菩薩．同了當機的善財童子．說下邊種種修行願的方法．同了道理。【凡是佛在法會說法的時候．許多聽法的人裏頭．一定有利根的人．也有鈍根的人．佛所說的法．也一定有同他們根機很對的．也一定有同他們根機不對的．根機對的人裏頭．一定還有淺近的對機．也一定還有很深切對機．這個對機最深切的人．就叫當機。每次的法會．一定有一個最當機的聽法人．在這華嚴會上．聽法的人．像海水那樣的多．當機的決不是只有善財一個人．但是要推善財算第一個當機的人．所以普賢菩薩特別提出善財．向他說法。在福城地方．有一位長者．有五百個童子．善財就是五百個童子裏頭的一個．善財生的時候．有種種珍奇的財寶．自然而然的在地下湧現出來．這是因爲善財有很大福報的緣故．善財怎麼會有很大的福報呢．這是因爲善財所積的善功德很多．所以就題他的名號叫善財。在那個時候．文殊師利菩薩．在福城的東邊．叫莊嚴幢安羅林的裏頭說法．善財到文殊師利菩薩那裏聽法．就發了大心．遵依文殊師利菩薩的教導．一直向南方前去．參拜五十三位善知識．就是大家說慣的善財童子五十三參。第二十八次參的．是在紫竹林的觀世音菩薩．末後一次參的．是普賢菩薩．因爲善財第一次參的．是文殊師利菩薩．末一次參的．是普賢菩薩．兩位都是大菩薩．所以說起度善財的菩薩．總是說文殊師利同了普賢兩位大菩薩的。利根、是根機很聰明的人。鈍根、是根機很愚笨的人。對機、是同了這個人性情資質都相近的意思。凡是道德高年紀大．或是學問深的人．大家都尊重他．稱他長者。福報、是有福的報應。發大心、是發成佛的心。】

善男子．如來功德．假使十方一切諸佛．經不可說不可說佛刹極微塵數劫．相續演說．不可窮盡。若欲成就此功德門．應修十種廣大行願。

【解】在佛法裏頭．佛對了學佛聽法的男人．都稱他們善男子．對了學佛聽法的女人．都稱他們善女人。假使兩個字．同了倘然、若是、如果、等各種意思．都差不多的。經字、是經過的意思。不可說不可說、是一個極大極大數目的名稱。刹字、是梵語．沒有翻譯過中國文．所以還是用這個刹字．刹字的意思．就是地土．佛刹、就是佛所住的國土。微字、是細小的意思．微塵、是極小極細的灰塵。極微、是一個極細小的名稱．極微的七倍、叫金塵．金塵的七倍、叫水塵．水塵的七倍、叫兎毛塵。兎毛、是各種毛裏頭最細的．要三百四十三倍的極微．纔可以比上兎毛塵．那極微的細小．就可想而知了。劫字、是計算年代極大極大的名稱。【下邊釋裏頭．就會講明白的。】相續、是接連不斷的意思。說字上邊、加一個演字．

是不但是口說．還有做出手勢來的意思．在裏頭哩。窮盡、是完結同了到底的意思。成就、是成功的意思。

【釋】普賢菩薩在沒有說法的前．對了許多聽法的菩薩．同了善財．先叫了一聲善男子．【善男子、包括比丘、沙彌、優婆塞、居士。○比丘、是出家受具足戒的男子．沙彌、是出家受十戒的男子．優婆塞、是在家受五戒的居士．居士、是普通學佛的男子．在家信佛修行的人。○具足、是完全的意思．比丘的具足戒、是二百五十條。○此處只叫善男子、不叫善女人的原因．到後邊有釋明的．再善女人的詳細解釋．也載在後邊。】就接上去說道．佛的功德．倘使十方一切的許多佛．拿不可說不可說的佛刹．【一個佛刹．在佛經裏頭．叫三千大千世界．就是一尊佛所教化世界。每一個三千大千世界．有一千個中千世界．每一個中千世界．有一千個小千世界．每一個小千世界．照直裏頭講起來．從地獄起．一直向上．經過我們頭頂上的忉利天．直要到第九層大梵天．在這個裏頭．有一個日．一個月．一座須彌山．山的外面．有七道香水海．七座金山．再外邊．有一道鹹水海．海上面有四個大洲．東邊的叫東勝神洲．南邊的叫南贍部洲．就是我們現在所住的地方．西邊的叫西牛貨洲．北邊的叫北俱盧洲．海的外邊．就是鐵山．像這樣的許多天．許多山．許多海．是一個小千世界。】都化成像微塵那樣的細小．【譬如拿一撮泥土．磨成像微塵那樣的細粉．已經沒有方法來數．也沒有數目來記的了．何況拿不可說不可說的佛剎．來磨成像微塵那樣的細小呢。】這個數目的多．那裏還有方法來計算呢。何況還要拿這樣多的數目．來比劫數的長久．【劫、有大劫中劫小劫三種分別．一個小劫．是人的壽命．從最短只有十歲的時候算起．每過一百年．加一歲．加到八萬四千歲．就每過一百年．減一歲．仍舊減到十歲．像這樣的加一回．減一回．總共是一千六百八十萬年．叫一個小劫．二十個小劫．算一個中劫．就是三萬三千六百年．四個中劫．成功一個大劫．就是十三萬四千四百萬年。○這裏的劫數．同了前邊的三千大千世界．兩種的詳細情形．在阿彌陀經白話解釋裏頭．從是西方過十萬億佛土．一句經文．同了於今十劫．一句經文底下．都有詳細註解的。】這種說法、我們凡夫．那裏能夠推想得到呢。何況還要在這樣長久到無窮無盡的時期裏頭、天天接續不斷的演說呢。照這樣長久的時期、演講佛的功德、還是演講不完哩。所以現在聽法的大衆、倘然要修成功佛這樣的超勝奇妙的功德、應該要像我所修的十種廣大的行願、從性德上發出這樣的十個大願、【性德、是心性裏頭本來有的好處、照文理說、就用一個德字、若是照俗語講起來、就是好處、下邊的修德、就是修的功德。】又依照了所發的大願、養成了深切的修德、那末這種超勝奇妙的大功德、自然可以成功了。

何等爲十、一者禮敬諸佛、二者稱讚如來、三者廣修供養、四者懺悔業障、五者隨喜功德、六者請轉法輪、七者請佛住世、八者常隨佛學、九者恆順衆生、十者普皆回向。

【解】這一段、是普賢菩薩接續上邊所說的十種行願、先把一種一種的行願、都說出來了、像是一篇文章的題目、到後邊再詳細的講明白。

【釋】普賢菩薩上邊只說了十種廣大行願．並沒有說明白是那十種．當時聽法的人．一定都是急急要曉得的．所以普賢菩薩又接續上去說道．我上邊說的十種廣大行願．是那十種呢．普賢菩薩就自問自答的把十種廣大行願．一種一種的名目都說出來了．【這十種行願的詳細解釋．到了下邊．普賢菩薩一種一種回答善財問的時候．就要詳詳細細講明白的。】

善財白言．大聖．云何禮敬．乃至囘向。

【解】白字、本來就是白話．這裏是問的意思．但是這個白字．是對上說的．就是對了比我高的人說的。言字、就是說的意思．也可以當做說話的意思。大聖、是稱普賢菩薩．是極恭敬的稱呼。云何、是怎樣說法的意思。乃至、是簡便的說法．用乃至兩個字．就可以把二者稱讚如來起．一直到九者恆順衆生八句．一齊包括在裏頭．省得再把　種一種的完全提出來了。

【釋】善財聽了普賢菩薩把十種大願、一種一種的都說出來了、就要明白十種大願的意思、同了修行的方法、所以先稱了普賢菩薩一聲大聖、就接上去問道。怎麼樣叫禮敬諸佛、稱讚如來、廣修供養、懺悔業障、隨喜功德、請轉法輪、請佛住世、常隨佛學、恆順衆生、普皆回向。善財在華嚴會上是當機的聽法人、那裏會有不明白這十種大願的道理呢、善財的所以問普賢菩薩、那是恐怕法會裏頭、許多聽佛說法的大衆、不免有根機愚鈍的人、不能夠完全明白、所以特地這樣的問一遍。普賢菩薩就可以趁他問的機會、詳詳細細的解說清楚、使得法會裏頭的聽衆、【聽衆、是聽佛說法的大衆人、簡單說起來、就只說聽衆兩個字了。】不要說利根的人了、就是鈍根的人、也都會明白了。

普賢菩薩告善財言、善男子、言禮敬諸佛者、

【解】告字、本來是告訴的意思、但是用在這裏、是教的意思、是教善財知道什麼是十大願。禮字、是對了佛行的種種恭敬的儀式、【儀式、是行各種禮的樣子。】也可以說種

種恭敬的禮節。端端正正把一切妄想雜念、】妄想、就是虛假的念頭。雜念、是種種雜亂的念頭。】完全收藏起來、沒有一些些怠慢的意思、昏沉的樣子。諸字、本來是許多的意思、但是這裏的一個諸字、不是尋常說的許多了、是多到不可以說的了、看了下邊、就會明白的。

【釋】普賢菩薩因爲上邊問的是善財、所以先叫一聲善財、再把一種一種的大願、教他。但是開口問的、雖然只有善財一個人、不過在法會裏頭聽法的許多大衆、那一個不要問、那一個不要聽普賢菩薩的詳細演講呢、在普賢菩薩的心裏頭、也決不是只教善財一個人的、一定要教法會裏頭所有聽法的大衆的、所以又叫一聲善男子。這一聲善男子、就不是單單指善財的、是所有法會裏頭無窮無盡的聽衆、都包括在裏頭的。普賢菩薩叫了一聲、就接上去說道、我所說的禮敬諸佛的禮字、敬佛的禮貌、敬佛有三種敬法、像合掌、低頭、曲躬、【躬、是身體曲躬、就像現在通行的鞠躬禮。】俯伏、【是把整個身體、伏在地上。】反掌、【是把兩手翻轉、手心向上。】頂禮、【是把頭面着地。】接足、【

是把兩手放在自己頭的兩面、手心向上、像接佛的兩足的樣子。】像這樣的種種禮貌、都是從身體上做出來的、所以叫身業。【在佛法裏頭、凡是做的事情、都叫業、善事就叫善業、惡事就叫惡業。】敬、是在禮佛的時候、只有一片至誠懇切清淨的心、沒有一些些胡思亂想散亂昏沉的心、夾在裏頭、這是完全從意思裏頭發出來的、所以叫意業。一面行禮、一面專心誠意的念佛、就是口業。這身口意三種業、一定要完全做到了、纔可以稱做禮敬。倘然只有行禮的形式、沒有恭敬的誠意、或是並不念佛、那就只有身業、沒有口業意業了。或是雖然有身業口業、但是心不淸淨、胡思亂想、那就沒有意業了。三業沒有齊全、不能夠稱做禮敬、要切切實實做到禮敬、一定要照下邊所說的種種禮敬的方法、纔可以得到禮敬的利益。還要曉得說到禮敬諸佛、那就不是只禮敬一尊佛、二尊佛、三四五尊佛的話了、一定要禮敬沒有數目可以計算的佛了。究竟禮敬怎樣多的佛、下邊就會說明白的。

所有盡法界．虛空界．十方三世一切佛刹、極微塵數諸佛世尊。

【解】界字、是界限的意思。法字、在佛經裏頭、不論什麼東西、什麼事情、什麼境界、只要有名目可以叫得出．就都可以稱法的。所以不論什麼界．都可以稱法界的。並且一種法．可以稱一法界．賅括萬有．【賅括就是包括的意思、萬有是不論什麼無窮無盡的法．都包括在裏頭。】也仍舊可以稱一法界的。十方、是東南西北四方．東南東北西南西北四角．同了上方下方．是就橫裏說的。三世、是過去世．現在世．未來世．是就直裏說的。世尊、是佛十種德號裏頭的一種．就是世界上大家都尊敬的意思。

【釋】佛刹的大．前邊已經詳細說過．眞是大得嚇人的。現在說的佛刹．不是一個佛刹．也不是一方的佛刹．竟然是盡法界盡虛空界所有的佛刹。還不是盡一方的法界．一方的虛空界．竟然是盡十方的法界．十方的虛空界。並且還不是盡一世裏頭所有的法界．一世裏頭所有的虛空界．還是要盡三世裏頭所有的法界三世裏頭所有的虛空界。要曉得法界、虛空界、過去世、未來世、那裏會有窮盡．照沒有窮盡講起來．那就這樣的廣大．這樣的長久．已經不是我們凡夫的心量．所能夠推想得到的了。何況還要把所有盡十方的法界．盡十方的虛空界所有的佛剎．還要盡三世的十方法界的佛剎．盡三世的十方虛空界佛剎．像這樣多的佛剎．那裏是我們凡夫所想得到的呢。還不算數．還要把這樣多的佛剎．化到像微塵那樣的小佛的數目．竟然有這樣的多．像這樣多的佛．倘然不是佛菩薩說的．我也決不會相信的．那裏曉得普賢菩薩所禮敬的佛．竟然有這樣的多．這種功德．那還了得麼。大家要曉得普賢菩薩一個身體．用什麼方法．能夠禮敬到這樣多的佛．下邊就會講明白的。

我以普賢行願力故．深心信解．如對目前。

【解】深心、是心思用得很深切的．不是只在浮面的意思。解字、要圈去聲．讀做夜字音．是明白了解的意思。

【釋】衆生都是迷妄不覺悟的、所以佛雖然那樣的多、還是佛是佛、衆生是衆生、大家隔絕的。衆生不能夠見到佛的。我依靠了普賢行願的法力的緣故、【這個普賢兩個字、是普賢菩薩自已稱自已、實在是說行願的力量。加上普賢兩個字的德號、大約在那個時候、這普賢行願四個字已經成功了一個修行的名詞了。】能夠深切相信了解、所以能夠明明了了所有一切無窮無盡的佛、都像在我眼面前、看見得清清楚楚。

悉以清淨身語意業、常修禮敬。

【解】悉字、是完全的意思。

【釋】普賢菩薩在無窮無盡、沒有數目可以計算的佛面前、身拜佛、口念佛、意想佛、都是用一片恭敬至誠的心、沒有一絲一毫的妄念夾雜在裏頭、所以叫完全拿清淨的身口意三業、來常常修禮敬諸佛的功德。說到常修、是時時刻刻修的、沒有間斷的時候的。

一一佛所、皆現不可說不可說佛刹極微塵數身。一一身、徧禮不可

說不可說佛刹極微塵數佛。

【解】所字、是地方的意思。佛所、就是佛所住的地方。也可以說就是佛的面前。

【釋】一尊一尊佛的面前。都現出不可說不可說的佛刹、【不可說不可說。是一個極大極大的數目名稱。】化成極細的粉、那麼多的普賢菩薩的身相。【身相、就是身體的形相。】一尊一尊普賢菩薩的身相。都去周徧禮敬不可說不可說的佛刹、化成極細的粉、那麼多的佛。前邊是說普賢一尊菩薩身體的前現出無窮無盡的佛來。現在又說無窮無盡佛的前現出無窮無盡的普賢菩薩的身相來。

虛空界盡。我禮乃盡。

【解】這裏只用一個禮字。是把一個敬字包括在禮字裏頭了。

【釋】這兩句、是反說的。實在是說虛空的界限。是沒有窮盡的。我的禮敬。也是沒有窮盡的。現在反轉來說。虛空的世界。如果有窮盡的。我的禮敬。也就可以窮盡了。【所說的禮敬窮盡、是說禮敬也停止了。】下面的兩句、是正說了、不是反說了。

以虛空界不可盡故、我此禮敬無有窮盡。

【解】以字、是因爲的意思。

【釋】這兩句是正說的因爲虛空界不能夠有窮盡的時候、所以我這個禮敬、也是沒有窮盡的時候。

如是乃至衆生界盡、衆生業盡、衆生煩惱盡、我禮乃盡。而衆生界乃至煩惱無有盡故、我此禮敬無有窮盡。

【解】如是、如是像這個樣子的意思。這裏用如是兩個字、就是說上邊虛空界不可窮盡、我的禮敬也沒有窮盡的兩句話。這裏的乃至兩個字、不是包含別的話頭在裏面、是省便的意思、是跳過幾句話頭的意思。照文字說起來、應該要說衆生界盡、我禮乃盡、衆生業盡、我禮乃盡、衆生煩惱盡、我禮乃盡、現在用了乃至兩個字、可以少用兩句我禮乃盡。

就簡便了。

【釋】像上邊所說的虛空界沒有窮盡．我的禮敬也沒有窮盡．照這樣說起來．一直要到眾生界窮盡了．眾生的業窮盡了．眾生的煩惱窮盡了．我的禮敬．纔可以停止了．不再修了。但是要曉得眾生界怎麼會窮盡．眾生的業．又怎麼會窮盡．眾生的煩惱．也怎麼會窮盡。眾生就因為有業．有煩惱纔做了眾生．若是眾生沒有業．沒有煩惱．也早就成了菩薩早就成了佛了．那裏還有眾生呢。既然有眾生．眾生就不會沒有業．也不會沒有煩惱．眾生的業．不會窮盡．眾生的煩惱．不會窮盡．所以眾生也就不會窮盡．因為眾生．眾生的業．眾生的煩惱．都不會窮盡的緣故．所以我的禮敬．也永遠不會窮盡。

念念相續．無有間斷。身語意業．無有疲厭。

【解】相續、是一個念頭過了．又來一個念頭．一個念頭一個念頭接續來的。間斷的間字．要在右邊上角加一圈．讀做見字音．是修修停停的意思。同了相續兩個字．恰巧相反的。疲字、就是疲倦。厭字、就是厭煩。

【釋】禮敬的念頭．一個過了．又來一個．永遠接連下去．永遠沒有間斷。身語意三種業．永遠至誠恭敬的修下去．沒有一些些疲倦．也沒有一些些厭煩。

復次善男子．言稱讚如來者．

【解】復次兩個字、是第二的意思．也可以說是再有的意思。如來、也是佛十種德號裏頭的一種。

【釋】普賢菩薩講完了第一大願禮敬諸佛後．接上去向法會裏頭的許多聽衆同了善財講第二大願了．仍舊先叫了一聲善男子道．講到稱讚如來究竟稱讚些什麼呢．稱、是稱揚佛度衆生的功高到了不得。讚、是讚歎佛修種種的德大到了不得。那稱讚佛的功德究竟要怎樣的稱讚呢。

所有盡法界、虛空界．十方三世一切刹土．所有極微．一一塵中．皆有

一切世間極微塵數佛。一一佛所皆有菩薩海會圍繞。

【解】剎土、就是佛剎、佛所、就是佛住的地方、會、是法會、是佛說法的地方、會字上邊加一個海字的意思、是譬喻這個法會的地方像海那麼的大、聽衆像海水那樣的多、圍字、是四面圍攏來、繞字同圍字的意思差不多。

【釋】盡法界虛空界十方三世一切剎土、前邊都已經解釋過、不必再多講了。所有極細極小的一粒一粒的灰塵裏頭、【灰塵本來已經是極小極小的東西、我們的肉眼已經看不出的了、那裏還有什麼叫做粒呢、實在沒有法可說、只好姑且拿一個粒字來說說了。】都有一切世界化成極細小的灰塵那麼多的佛、在一尊一尊佛的面前、都有許多許多聽法的菩薩、同了極大極大的法會、圍繞在那裏、但是衆生迷惑太深、業障太重、【業障兩個字、在下邊懺悔業障一段裏頭會講明白的。】所以儘管無窮無盡的佛現在面前、還是被迷惑業障隔住了、不能夠看見。

我當悉以甚深勝解、現前知見。

【解】這個解字、是明白同了能够分別、能够決定、的意思。加上一個勝字、是說這種明白分別決定是殊勝的.【殊勝、就是特別的好。】不是平平常常的。現前、就是眼面前的意思。一個人能够把世界上所有一切的一切.分別好的、壞的、喜歡的、討厭的、全是這個識在那裏分別的。用意思來分別的.叫意識。用眼來分別的.叫眼識。用意識來辨別一切.叫知。用眼識來辨別一切.叫見。

【釋】普賢菩薩看見了像上邊所說那樣多的佛、怎麼樣呢.普賢菩薩又接續上去說道.我應該完全用極深切.極特別的決定心.同了眼面前就我能够知道見到的一切力量。【這一段所要說的話.還沒有說完的.要到下一段接上去說的話說完了.看起來纔會明白。】

各以出過辯才天女微妙舌根.一一舌根.出無盡音聲海。一一音聲.

出一切言辭海。稱揚讚歎一切如來諸功德海。窮未來際．相續不斷。盡於法界．無不周徧。

【解】出字、是超出的意思。過字、是勝過的意思。辯字、是辯論的意思。辯才、是有辯論的口才。天女、是天上的女子。微字、是微細的意思。妙字、是極好的意思。舌根、就是俗語的舌頭。在佛經裏頭、眼耳鼻舌身五官．都叫根的。言辭、就是說話。音聲言辭功德的底下．都加一個海字．是形容音聲言辭功德．都像海那樣的大海水那樣的多。

【釋】普賢菩薩用他極深切特別的決定心．同了眼面前種種知道見到的一切力量．便怎麼樣呢．普賢菩薩又接連上去說道所有我現出的微塵數的身形．都生出勝過辯才天女那種又微細、又巧妙的舌根來．辯才天女．是自在天王那裏的一個綵女．【我們頭頂上．總共有二十八層天．自在天、是第六層天．在阿彌陀經白話解釋裏頭無量諸天大衆俱一句底下．講得很明白的。綵女、是天王那裏差喚的女子。】名叫善口．他的舌根．

能夠變化出許多舌根來的．並且他一條一條的舌根．都能夠發出無窮無盡的各種音聲來的．他所發的每一種音聲．又能夠同了幾百幾千種樂器的聲音．和合攏來的。【這個天女的事情．在本經第五十一卷如來出現品裏頭有的。○如來出現品．也是華嚴經各品裏頭的一品．同了現在解釋的行願品．一樣是華嚴經裏頭的．所以稱本經。】在他所發的音聲裏頭．又能夠發出各種的說話來的．這各種的說話．都是稱揚讚歎一切佛的無窮無盡的功德。普賢菩薩用了勝過天女那樣微妙的舌根．稱揚讚歎佛的功德．一直要經過未來世．接連不斷的稱揚讚歎下去。大家都知道的．未來世那裏會有窮盡．這種說法．實在就是說稱揚讚歎．也是沒有窮盡．不但是稱揚讚歎的時候．沒有窮盡。並且稱揚讚歎的地方．也是沒有窮盡的．所有完全一切的法界．也沒有一處、不稱揚讚歎周偏到的。

如是虛空界盡．衆生界盡．衆生業盡．衆生煩惱盡．我讚乃盡。而虛空

界乃至煩惱無有盡故。我此讚歎無有窮盡。念念相續。無有間斷。身語意業。無有疲厭。

這一段經文同了前邊第一大願、禮敬諸佛、末後的文字完全相同的。不過禮敬換了稱讚罷了。下邊還有第三願到第十願末後的經文。也都有像這一段一樣的字句。凡是前邊已經解釋過的。後邊再有就一概不再重複解釋了。

復次善男子。言廣修供養者。

【解】廣字、是多的意思。修字、是搜羅種種寶貴珍奇的物品。來裝飾成供養的種種物品。供字、是供獻供奉的意思。養字、是孝養的意思。【孝養、是像子女孝養父母一樣。不但是供養。還有恭敬的意思在裏頭。】

【釋】普賢菩薩講完了第二大願稱讚如來。又向聽法的大衆。仍舊先叫一聲善男子道。說到一個廣字。是所有種種貴重的珍奇物品。都要向各處去搜集來供養。纔可以叫廣。還要用種種方法來、把供品裝飾得非常的好看、使得佛看見了、生歡喜心。所以叫修。這樣的許多珍貴好看的物品、用來供獻一切無窮無盡的佛、奉養十方海會的菩薩。【菩薩本來有大小的分別。凡是發心修學佛法的人、在佛法裏頭、都可以稱初發心菩薩的。這是尊重發心修行人的意思、並且已經發心修行的人、終有一天修成菩薩的。不過修得認眞的人、早些成菩薩。修得不很認眞的人、遲些成菩薩罷了。】

所有盡法界、虛空界。十方三世一切佛刹、極微塵中。一一各有一切世界極微塵數佛。一一佛所。種種菩薩。海會圍繞。

這一段經文、同了前邊第二大願稱讚如來末後二段的文字、都是一樣的。並且意義也是一樣的。所以不重複解釋了。下邊如果再有意義一樣的經文、儘管文字或是稍稍有些不相同、也都不再解釋了。

我以普賢行願力故。起深信解、現前知見。

【解】這個以字、有靠托同了因爲兩種意思在裏頭。起字、是發起同了生出來的意思。

【釋】我靠托了普賢行願力量的緣故．發生了這種很深切的信心．很深切的了解。

【末一句現前知見完全同了前邊一樣的．所以不再解釋了。】

悉以上妙諸供養具、而爲供養。所謂華雲．鬘雲．天音樂雲．天傘蓋雲．天衣服雲．天種種香．塗香、燒香、末香．如是等雲．一一量如須彌山王。然種種燈．酥燈、油燈．諸香油燈．一一燈炷、如須彌山．一一燈油、如大海水。

【解】上妙、是上等奇妙的意思。具字、是物品．就是供養的東西。鬘、是一種裝飾品．用很貴重的華編結成功像帽子那樣的東西．裝飾在頭髮上的。傘蓋、像現在供在佛面前的寶蓋那樣的。【傘、也可以稱做蓋的。】塗香、是塗在身上的香。【塗香有二種．一種是把旃檀木、磨成了末．塗在身上．一種是用各種雜香、磨成了末．塗在身上．或是拿來薰衣服．

在見佛的前、一定要這樣預備好了、纔是恭敬。○旃檀、是梵語、翻譯中國文、是與樂兩個字、這種木、很香的、可以當做香燒的、有赤白兩種顏色、白色的、能夠治熱病、赤色的、能夠去風腫、因爲能夠除病痛的苦、得到身體輕安的樂處、所以叫與樂。】燒香、是燒的各種香、像檀香、速香等、都是的。末香、是把各種香磨成的香末。量字、是數量。然字、同了燃字一樣的、就是點燈、也可以當做燒字解釋的。酥、是在牛乳裏頭煉出來的東西、吃起來味很好的、也可以當做燈油、點的是很貴重的供品、平常不用的。炷、就是燈蕊。

【釋】供養無窮無盡的佛、一定要完全用最貴重、最奇妙的物品來供的。若是供華、就要用須曼那、茉莉、這一類世界上少有的華。【須曼那、是梵語、翻譯中國文、是稱意兩個字、就是能夠稱隨便稱什麼人的意思的。稱字、要在右邊上角加一圈、讀做寸字音。】用音樂、傘蓋、衣服等來供養、也一定要挑選極好聽、極好看的、纔可以夠得上說一個修字。香、是供品裏頭最主要的東西、像龍涎香、薝蔔香、鬱金香等、種種奇異的香、都應該搜羅來陳列供養的。各種供品的名目下面、都加一個雲字、是顯明白種種供品、像天上的雲那樣的多、一層一層佈滿在天空裏頭、沒有一處不供到。加一個天字在供品的名目上面、是顯明白供品的好、所有的供品、都像是只應該天上有、不是人世間所有的意思。種種香裏頭、像最好的塗香、燒香、末香等、各種有名的香、完全都有的。並且也都是像雲那樣的多。若是要估計各種供品的數量、那就沒有數目可以計算了。只看堆在那裏的物品、非常的高、非常的大、竟然每種供品、都像須彌山那樣又高又大的多了。〖須彌山、是梵語、翻譯中國文、有好幾種的名目、大家用慣的、是妙高兩個字、意思就是又妙又高。我們世界上的山、小都是泥土同了石結成功的、這須彌山、是金、銀、琉璃、玻璃、四種寶結合成功的、所以叫妙。山的高大、又超過隨便那一座山的、所以叫高。這山在香水海裏頭、水面上露出八百由旬、水面底下、也有八百由旬、山的上下、都很大的、獨是腰的中間一段很細的、山頂上、是忉利天宮、就是帝釋住的、山腰的周圍、是四天王天、四天各有一位天王住在那裏管理的、山的外面、有七道香水海、七座金山、每一道海、隔一座山、每一座山、隔一道海、圍住了須彌山、這是須彌山的大畧情狀。○琉璃同了玻璃、在阿彌陀經白話解釋．皆是四寶周帀圍繞一句底下．有詳細解釋的。每一由旬．有四十里路那麼的長。帝釋、是忉利天上的天帝．就是俗人所說的玉皇大帝。】須彌山比隨便什麼山高大．所以稱須彌山王。上邊所說陳列的種種供品．每一種的數量．都已經有像須彌山那樣的多了．倘然把所有的種種供品．合併起來估計．那不要嚇死我們心量很小的凡夫麼。燈頭用的燈蕊．一條一條是極小的．那裏知道一盞一盞燈裏頭所用的燈蕊．堆積起來．竟然也像須彌山那樣的高．那樣的大。一盞一盞燈裏頭．所用燈油的數量．竟然也像無邊無岸、又寬又深的海水那樣的多。依講經的老法師說起來．這經文所說的話．已經很可以驚嚇凡夫了．但是還只得大畧說說罷了．若是要講到眞的境界．恐怕我們凡夫．永遠猜想不到哩。

以如是等諸供養具．常爲供養。

【解】如是兩個字、就是指上邊所說種種供養的物品。

【釋】像上邊所說種種供養的物品、有這樣多的種類、有這樣多的數量、又是這樣了不得的奇妙貴重、我們凡夫那裏能够辦得到呢、更加不要說常常辦來供養了、說到常爲供養那竟然是沒有一個時候間斷供養的了。這都是佛菩薩的境界、佛菩薩的神通、修到了佛菩薩的地位、就自然做得到了、大家千萬不可以有一些些疑惑的、疑惑是學佛最犯忌的。

善男子、諸供養中、法供養最。

【解】法供養、是把佛法來供養佛的意思、就是把佛所說的種種學佛的法門、勤修切信、明了意義、勸導衆生。最字、就是最好、沒有比法供養更加好的了。

【釋】上邊所說的種種供養、雖然供品的數量、多到不可以用數目來計算、物品的貴重奇特、【特、是特別的意思。】又都不是人世間所能够辦得到的、但是都是用錢財辦來的、只可以算是財供養、不可以說是法供養、財供養、不論用多少金錢、多少物品、都遠不及法供養的功德大。若是能够法供養．在受供養的佛一邊．是最喜歡．最尊重的．在供養的衆生一邊．是功德最大的．所以說在種種供養的方法裏頭．只有法供養是最好最好的。

所謂如說修行供養．利益衆生供養．攝受衆生供養．代衆生苦供養．勤修善根供養．不捨菩薩業供養．不離菩提心供養。

【解】如字、可以當做像字解釋．也可以當做依字照字的解釋。捨字、是放棄的意思。

【釋】上邊所說的法供養．大畧有七種方法。第一、如說修行供養。是要完全依照佛所說的修行學佛的種種方法去修．不要懶惰．不要有別的妄想．這就是叫法供養。第二、利益衆生供養。要曉得禮敬佛、稱讚佛、供養佛、爲的是什麼呢．都是爲了自己種善根．【善根】有兩種解釋．一種解釋、是所修的種種善業．很堅固．很深切．像生了根一樣的。一種解釋、是積了善業．就像種在地土裏頭的東西．生了根．那樣的漸漸的長大起來．就會結成很大的善果。所以積善業、就是種善根。】修行人的所以修種種善根、都是爲了有一天能够結了善果、就可以救度衆生。大家只要看無窮無盡的佛、都出現到各處衆生的世界上來、就都是爲了要救度衆生脫離這種生死世界、得到種種的利益。所以利益衆生、也叫法供養。第三、攝受衆生供養。【攝字、是收的意思。攝受、就是接受過來教化他們、救度他們。】是無窮無盡的佛、出現到各處衆生的世界上來、都是發的一片慈悲心、愛憐衆生的苦惱、接受了他們、纔可以救護他們、教化他們。所以攝受衆生、也叫法供養。第四、代衆生苦供養。是無窮無盡的佛、都是大悲心太深切了、爲了要拔衆生的苦、所以出現到汚濁的世界上來的。現在能够發代衆生受苦的心、就合了佛的心了。所以也叫法供養。第五、勤修善根供養。善根愈修愈長大、倘然不修、就會像華草的根、吸收不到水、那樣的一天枯萎一天的。所以要修、並且還要勤修、不可以修修又停停的。勤修纔能够利樂衆生。【利樂衆生、是使得衆生受到利益、同了快樂。】這也是切合佛的功德的、所以也叫法供養。第六、不捨菩薩業供養。菩薩所修的事業、都是利樂衆生的。能够一心一意修菩薩的事業、就是誠心誠意的利樂衆生、常常不放棄利樂衆生的事業、也就是切合佛心的、所以也叫法供養。第七、不離菩提心供養。【菩提、是梵語、翻譯中國文、有翻做道理的道字的、也有翻做覺悟的覺字的。菩提心、就是求成佛道、或是說求成佛的心、都可以的。】佛因爲哀憐衆生、就發大悲心、因爲發了大悲心、就生出菩提心來了、生了菩提心、就可以修成佛了、但是生了菩提心、只可以一天一天的長大起來、一直要修到成了佛、纔算功德圓滿哩、不可以有一刹那的時間、【刹那、是極短極短的時候、一彈指的功夫、就有六十個刹那。】違背菩提心、也不可以有一刹那的時間離開菩提心、不離菩提心、就可以成佛了、所以不離菩提心、也叫法供養。像這樣的七種供養、纔算是法供養、纔可以算眞供養了。不是只用人世間的錢財買來的食用供品、陳列得多、就算供養佛的。爲什麼呢、因爲佛是最恭敬尊重佛法的、不是佛法供養、那怕用去無窮無盡的錢財、功德終不及法供養的大哩。

善男子如前供養無量功德比法供養一念功德百分不及一千分不及一百千俱胝、那由他分迦羅分算分數分喩分優波尼沙陀分亦不及一。

【解】俱胝、那由他、迦羅、算數、喩、優波尼沙陀、都是極大極大數目的名目。

【釋】普賢菩薩又向法會的聽衆說道善男子呀你們要曉得像前邊種種的供養所費的錢財所供的佛都是那麼無窮無盡的多應該可以得到無量功德了但是比較法供養的功德那就差得遠了又遠了。拿前邊無量無邊財供養的功德同了法供養一念的功德比較起來若是財供養有百分的功德還不及法供養一分的功德財供養有千分的功德不及法供養一分的功德財供養有百千個俱胝、那由他分迦羅分算分數分喩分優波尼沙陀分的功德也不及法供養一分的功德。普賢菩薩說這樣種種比較的意思就是着重在法供養。普賢菩薩恐怕鈍根的修行人只曉得供養的錢財用得多受供養的佛也多．就算可以得到種種無窮無盡的福報了所以一層一層的講得淸淸楚楚．使得修行的人．大家曉得財供養的功德．固然很大．但是法供養的功德．比了財供養的功德．大了又大．不可以拿數目來比較的了。這都是希望修行的人．大家都修法供養．修的功德大了．將來自己修成功的品位．也可以特別的高了．這是普賢菩薩勸化修行人的．一片至誠懇切的大悲心。還有一層．大家一定要曉得的．就是正在財供養的時候．只要心裏頭能够發普賢菩薩那樣的十種大願心．一面用作觀的方法．【作觀的觀字、要在右邊上角加一圈．讀做貫字音的．是觀照觀想的意思．不是觀看的意思．是用心光來看的．不是用肉眼來看的．所以只能够當做想的意思．用一心來想．用定心來想．想什麼境界．就會像眞有所想的境界那種樣子．明明朗朗出現在眼面前的。】閉了眼睛．描摹自己的一個身體．化了百千萬億個身體．在百千萬億的世界上．向每個世界裏頭的百千萬億佛．修普賢菩薩十種的大願．那末就是修的財供養．也可以比法供養的功德一樣大了。因爲財供養是事．法供養是理．現在能够財供養同了法供養．同時並修．就合了佛法裏頭所說的事理融通了。【修的事相、同了修的理性、和合融化了、就叫融通。】這樣的功德、就非常的大了。

何以故、以諸如來尊重法故。以如說行、出生諸佛故。若諸菩薩行法供養、則得成就供養如來。如是修行、是眞供養故。

【解】以如說行的行字、是修行的意思、就是做修行的功夫。

【釋】普賢菩薩先反問一句道、爲什麼緣故、像上邊那樣多的財供養、還不及少數的法供養呢、普賢菩薩問了、就接上去解釋道、財供養的供品、雖然像須彌山那樣的多、還不及少數法供養的緣故、是因爲一切的佛、都是尊重佛法的、佛看出佛法來、比什麼東西都尊重寶貴、所以都尊重法供養。因爲依照佛所說的方法修、像上邊所說的七種法供養、就能夠生出佛來的緣故。所說的出生佛、實在就是依照了佛所說的方法修起來、這個修的人、一定就會修成佛的、譬如生出一尊佛來一樣的、所以叫出生諸佛。若是許多許多供養佛的菩薩。【這菩薩兩個字、是指發心修行的人。】都修這種法供養。那就可以成供養佛的功德了。像這樣的修行。纔可以說是眞正的供養了。

此廣大最勝供養。虛空界盡。衆生界盡。衆生業盡。衆生煩惱盡。我供乃盡。而虛空界。乃至煩惱不可盡故。我此供養。亦無有盡。念念相續。無有間斷。身語意業。無有疲厭。

【解】此字、是指前邊所說的種種供養。最勝兩個字、是最特別最有功德的意思。就是指上邊所說的種種法供養。

【釋】說到廣大最勝供養。就見得前邊所說的種種供養。不是只有財供養了。一定也有法供養在裏頭了。倘使只有財供養。沒有法供養。普賢菩薩怎樣會說廣大最勝供養呢。

復次。善男子。言懺除業障者。

【解】懺字、是梵語中懺摩兩個字現在單用梵語的一個懺字．是簡便的說法。這懺同了悔兩個字的解釋．差不多的．都是自己反過來懊悔自己所造的罪業。不過懺字、是懺除過去已經造的罪業．悔字、是已經造過了罪業自己懊悔自己禁戒．以後不再造業。業字、可以當做善業的業字用．也可以當做惡業的業字用．但是這個業字同了障字連在一起．那就是一定指惡業說的了。障字、是遮蓋同了阻礙兩種意思。

【釋】普賢菩薩說完了第三大願、廣修供養後．又要向法會裏頭的聽衆說第四大願、懺悔業障了。先叫了一聲善男子．就接上去說道．我所說的懺悔業障．是要把從前已經造的罪業．完全自己發露出來．懺除淨盡。一面還要自己禁戒自己．不再造新的罪業。業障有三種．第一種、叫煩惱障．第二種、叫業障。第三種、叫報障．因爲一個人有種種的煩惱．就造出種種的罪業來了．造了種種的罪業．就要受種種的報應了。並且因爲造了種種的罪業．就下了種種的種子．又要受種種的報應．受了報應．又要生出種種的煩惱來了．像這樣的循環輾轉．那業障就永遠不能斷絕了。所以所造的罪業．若是不懺悔淨盡．就能够遮蓋住我們本來淸淸淨淨的眞性．能够阻礙我們跳出三界的門路。【三界、是欲界、色界、無色界．在阿彌陀經白話解釋裏頭．講得很明白的。】所以懺悔業障．在修學佛法裏頭．實在是一件最重要的事情。

菩薩自念我於過去無始劫中．由貪瞋癡．發身口意．作諸惡業．無量無邊。

【解】無始、是沒有起頭的意思．因爲過去的前還有過去．儘管向上推．沒有窮盡的．說不出開頭的時候的．所以叫無始。貪、是貪心不足．瞋、是發火．癡、是愚笨不明白道理。

【釋】普賢菩薩自己想自己．在過去無窮無盡．說不出起頭的劫數．一直到現在．從貪心、瞋心、癡心三種業因上．【業因、是造業的因。】發動了身口意三種的業緣．【業緣、是助成造業的緣．因爲這個業．終不出從身體上．或是從口裏頭．或是從意思裏頭造成的．所以說身口意三種．是造業的緣。】有因有緣．就造出了種種的惡業來了．有了種子．有了器具。那就所造的種種惡業、有無量無邊。不可以計算的多了。所以貪瞋癡。是造惡業的種子。身口意。是造惡業的器具。

若此惡業有體相者。盡虛空界、不能容受。

【解】體、是實質。相、是形相。容字、是安放得下的意思。

【釋】像這樣無量無邊的惡業。好在沒有實質同了形相的。若是有實質形相的。那個實質形相的大。就是盡虛空界。也一定沒有方法可以安放下去的了。這是普賢菩薩故意這樣說來勸化人。把自己來做一個榜樣的。實在普賢菩薩能夠修成菩薩。發這樣的十種大願心。宿根的深厚。【宿字、是從前的意思。宿根、是前生前前生所種的善根。】一定是了不得的。決不會造盡虛空界不能夠安放下去那樣多的惡業的。請看這本行願品的居士們。要看得靈活。不可以看得太呆板的。就算普賢菩薩眞是造過這樣多的惡業的。但是反過來說。如果能夠把所造這樣多的惡業、懺悔清淨。那所得到的功德。也可以盡虛空界、不能夠安放下去了。所以懺悔實在是最要緊最要緊的。

我今悉以清淨三業．

【解】三業．是身業口業意業。

【釋】前邊所說惡業的多．雖然有虛空界那樣大的地方．也還不能安放下去．那是因爲身口意三業．都是染汚的．【染汚、就是不清淨。】所以造出這樣多的種種惡業來。現在三業完全是清淨的．那就永遠不會再造像以前所造的種種惡業了。

徧於法界極微塵刹．一切諸佛菩薩衆前．誠心懺悔．後不復造．恆住淨戒一切功德。

【解】恆字、是常常這樣．永久不改變的意思。恆住、是常常安住在那裏．永遠不離開的意思。戒、是戒律。淨戒、是守戒守得很清淨。【清淨、就是一些不犯．就叫守淨戒。】

【釋】前邊說從前我所造的惡業．周徧在法界．現在我把清淨的三業．周徧在法界、極微塵剎的一切無窮無盡的佛菩薩面前、誠心懺悔、以後永遠不再造惡業、永遠常常安住在清淨戒律的一切功德上、那末從前所積的無窮無盡的惡業、都可以消滅了。一切惡業都消滅了、那就一切的功德、自然都會漸漸的積聚起來、也可以周徧法界了。

如是虛空界盡、衆生界盡、衆生業盡、衆生煩惱盡、我懺乃盡。而虛空界、乃至衆生煩惱、不可盡故、我此懺悔、無有窮盡。念念相續、無有間斷。身語意業、無有疲厭。

這一段經文、同了前邊還是一樣的、所以也不再重覆解釋了。

復次、善男子、言隨喜功德者。

【解】隨字、是跟隨、依順、不違背的意思。喜、是歡喜、不恨、不討厭的意思。

【釋】凡是旁人所做的功德、不論大的小的、不論是聽到的、或是看到的、那怕你一絲一毫一微塵的功德、我都跟隨了他們一同做、並且歡喜讚歎他們、使得他們格外的有興趣做功德。

所有盡法界、虛空界、十方三世一切佛剎、極微塵數諸佛如來。從初發心、爲一切智、勤修福聚、不惜身命、經不可說不可說佛剎、極微塵數劫。一一劫中、捨不可說不可說佛剎極微塵數頭目手足。

【解】一切智、是明明白白見到十法界裏頭、所有一切的法、只有眞空的一種理性。【不虛假、叫眞。不着相、叫空。眞空的理性、是離開一切從迷惑所見到的虛假相、不認這種虛假相是有實在的。】沒有別種性、也沒有別種相。福聚、是修了無量的福德、聚集起來。

【釋】要修隨喜的功德、就要修得廣大、要不論怎麼樣大的境界、不論怎麼樣多的佛菩薩、不論怎麼樣難做到的事情、不論受到怎麼樣苦惱、都要去隨喜的。所有無量無邊的法界、無量無邊的虛空界、廣大到十方、長久到三世、一切的佛剎極微塵數的佛、從起初發心修佛道的時候起、爲了要求得一切智、所以不間斷的勤勤懇懇、誠心誠意的修。要修到聚成許多許多的福德、在這樣修行的時候、只曉得一心向上的修、一意向前的修、那怕把身體性命送掉了、也沒有什麼愛惜、沒有什麼捨不得。像這樣的捨棄身體性命、經過了不可說不可說佛剎極微塵數的劫、在一個個的劫裏頭、捨棄了不可說不可說佛剎極微塵數的頭目手足。像這樣的隨喜、眞是只有佛菩薩能夠做到的了。○這一段裏頭、所有種種名詞、像盡法界、虛空界、十方三世、一切佛剎極微塵數等、前邊都已經解釋過、所以這裏同了後邊、都不再解釋了。

如是一切難行苦行、圓滿種種波羅蜜門、證入種種菩薩智地、成就諸佛無上菩提、及般涅槃、分布舍利、所有善根、我皆隨喜。

【解】波羅蜜、菩提、般涅槃、舍利、都是梵語、翻譯中國文、波羅蜜、是到彼岸。【彼岸、是那邊的岸、就是從我們的娑婆世界、到只有樂、沒有苦、像西方極樂世界那樣的地方去。】

也可以翻譯做一個度字。〔度字、同了渡字一樣的意思．就是從苦惱世界渡到極樂世界去。〕種種兩個字、是因爲波羅蜜簡單說起來．只有六種．也叫六度．若是推開來講．有八萬四千種的多哩。所說的六度．就是布施．〔布施有三種．一財施、把錢財衣服食物施送給窮人．二法施、把佛法來勸化人．三無畏施、旁人有懼怕驚嚇的事情．去安慰他．幫助他。〕持戒〔是守住佛法裏頭的各種戒法．一些不犯。〕忍辱〔若是旁人來欺我、打我、駡我、要能够忍耐．不同旁人計較。〕精進．〔精字、是專心修學．沒有一些些亂念頭。進字、是勇猛的修上去．不是修修退下來不修了。〕禪定．〔放下一切虛假的亂念頭．沒有一些些的散亂心。〕智慧。〔智慧、就是聰明．不過凡夫的聰明．可以用在正路上．也可以用在邪路上．智慧、是只有用在正路上的。〕因爲布施可以度慳吝．〔慳吝、是器量小的意思．肯布施、就不慳吝了。〕持戒可以度作惡．忍辱可以度瞋恚．〔瞋恚、是發火的意思。〕精進可以度懈怠．〔懈怠、是懶惰的意思。〕禪定可以度散亂．智慧可以度愚癡．所以叫度。〔因爲器量小的人．可以使得他變做器量大的人．作惡的人．可以使得他變做能够守戒法的人所以叫度。】智地、是菩薩的德．就是一切智．【一切智、是曉得一切法的空相是聲聞緣覺的智。】道種智．【道種智、是曉得一切差別的道法．這是菩薩的智。】一切種智。【一切種智、是明了總相別相．斷惑覺迷．這是佛的智。】地、就是地位．智地所以說種種．是因爲多到有四十地的緣故。菩提、就是覺悟．也可以當做佛道解釋的。翻譯般涅槃三個字．有四五種的多．都有些不相同的．但是大家用慣的．還是滅度兩個字。滅、是滅煩惱．滅生死。度、是度衆生。【般涅槃、同了涅槃的意思．是一樣的．因爲印度人的聲音．同我們中國人的聲音．稍稍有些不同的．有些人讀做涅槃兩個字的音．有些人讀做般涅槃三個字的音罷了。】無上、是沒有比這個更加高的意思。分布、是分散開來的意思。舍利、是佛的身骨．形狀像珍珠那樣圓的．有紅綠黃白幾種顏色．質地有些像水晶．很透明．很堅固的。

【釋】如是兩個字．是指上邊所說．是捨棄身體、性命、頭目、手足、種種極難極苦的修行法。爲的是什麼呢．就爲了要圓滿種種波羅蜜．可以證到菩薩的種種智慧的地位．還要能夠成就佛所傳揚的無窮無盡、最高最妙的佛道。同了佛滅度後分散舍利的功德。【分散舍利給修行人使得他們可以永遠供養。也是一種大功德。所以也要希望能夠圓滿這種功德的。】要曉得舍利是一種寶貝。很不容易得到的。一定要修戒定慧三種善業的功夫深了。【戒、是修行人應該守的各種戒律。能夠修戒。可以自己禁止自己不犯身口意所造的惡業。能夠修定。可以心念清淨。不發生種種的亂念妄想。慧、是智慧。能夠修慧。可以明白眞理。斷絕迷惑。】纔能夠薰成功這種舍利。本師釋迦牟尼佛涅槃後。弟子阿難等把佛的身體、用火焚化了。就發現許多許多、明亮堅硬的五色珠。這種珠。就叫舍利。佛的許多弟子。大家就造成了一座塔。藏放佛的舍利。永遠供養。也有把這種舍利。分散到各處寺院。或是法會裏頭去供養。都是功德很大的。佛因爲已經涅槃了。世界上的衆生。都見不到佛了。所以特地把佛自己身骨裏頭的舍利。留在世界上。使得信佛的人。見了佛的舍利。就像見到佛一樣。供養佛的舍利。就像供養佛一樣。在佛教裏頭。有一種規則。凡是出家的人。或是雖然沒有出家。但是修行已經很有功夫的人。只要自己願意。死後也可以把全個身體。用火來焚化的。並且也會有舍利發現的。不過沒有像佛的舍利。那樣的又多、又大、又光明、又堅硬罷了。所有像上邊所說的種種功德。修了就種了善根。將來漸漸的善根長大起來。就都可以有成佛的一日。所以我都應該要隨喜的。

及彼十方一切世界。六趣四生一切種類。所有功德。乃至一塵。我皆隨喜。

【解】趣字、同道字一樣的。六趣、就是天道、人道、阿修羅道、畜生道、餓鬼道、地獄道、等六道。四生、是胎生、卵生、濕生、化生、四種。【在下邊第九大願恆順眾生裏頭有詳細解釋的。】這裏所說的功德。就是前邊所說的種種善根。一塵、就是一粒微塵。

【釋】所有在天上。同了在人世間的眾生。不論善根的大小。當然都有一些善根的。我也都應該要隨喜的。所有六道四生各種各類的苦惱眾生。在這樣大的十方一切世界裏頭。不曉得有多多少少。難道都是沒有善根的麼。一定不會的。不過這些苦惱眾生的善根都是不大的、他們的善根、儘管不大、儘管只有一粒微塵那麼的小、我還是儘管要隨喜的、決不因爲他們的善根小、就不隨喜了。

十方三世、一切聲聞、及辟支佛、有學無學、所有功德、我皆隨喜。

【解】聲聞、是修四諦的、修成了有四種果、一、須陀洹果、二、斯陀含果、三、阿那含果、四、阿羅漢果。辟支佛、梵語叫辟支迦羅、翻譯中國文、是獨覺兩個字、也有翻譯做緣覺的、是專門修十二因緣的。【聲聞、四諦、辟支佛、十二因緣、在阿彌陀經白話解釋裏頭、有詳細解釋的。】有學、是說修道學佛的人、沒有修學圓滿、還應該再要向上修的意思。無學、是說所有應該修學的、都已經修學圓滿了、沒有什麼再應該修學的了。

【釋】十方的廣大、三世的長久、所有一切的聲聞、辟支佛、有還應該要向上修的、像聲聞的初果到第三果、同了還沒有證到辟支佛的緣覺、都還應該要向上修學的、所以都稱有學。已經修學圓滿的聲聞第四果阿羅漢、同了已經證到辟支佛的緣覺、都已經修學圓滿了、沒有什麼再可以修學了、所以都稱無學。像這種無學的阿羅漢、辟支佛、都是已經超出凡夫、進入聖人一路的了、他們從起初修道起、所積的極多極多的功德、我都隨喜。

一切菩薩、所修無量難行苦行、志求無上正等菩提、廣大功德、我皆隨喜。

【解】正等的正字、是沒有邪見的意思。【邪見、是種種不合正當道理的見解】等字、是沒有偏見的意思。【偏見、也可以叫邊見、是不正的見解、是偏在一邊的見解。】

【釋】前邊說的菩薩所修極難極苦的功行、都是無窮無盡的佛在做菩薩的時候、因爲立定志願要求得最高最上沒有一些些邪見偏見的覺悟、【簡單說起來、就是要求得佛的智慧、要求得成佛。】一切菩薩發這樣的大願、那功德的廣大、還可以用數目來計算麼、所以我都要切實隨喜的。

如是虛空界盡．衆生界盡．衆生業盡．衆生煩惱盡．我此隨喜無有窮盡。念念相續．無有間斷。身語意業．無有疲厭。

這一段經文．也是同了前邊懺悔業障末後一段．完全一樣的。

復次善男子．言請轉法輪者．

【解】輪、是車輪．車是裝人．或是裝東西的車．只要車輪轉動了．車上所裝的人．或是裝的東西．就可以從這邊運送到那邊去了。現在所說轉動的車輪．是譬喻佛的說法．佛說法教化衆生．就可以把衆生從這個苦惱的世界．送到那個安樂的世界去．所以叫轉法輪。

【釋】普賢菩薩說完了．第五大願隨喜功德．又接上去說第六大願請轉法輪了。普賢菩薩因爲佛的說法．能够教化衆生．離開這邊不安樂、有生死、的世界．送到那邊只有安樂、沒有苦惱．又可以了脫生死的世界去．像人坐在裝人的車上．只要車輪轉動．就會把人從這邊送到那邊去一樣。所以普賢菩薩發這個大願。勸請一切的佛都來說法。救度衆生。使得一切衆生。都能够生到極樂世界去。要曉得請轉法輪的功德。大到了不得的。法華經上說。大通智勝佛成了佛。有十六位王子。請大通智勝佛說法。度了無量無邊的衆生。十六位王子。就因爲請了大通智勝佛說法度衆生的功德。後來也都成了佛了。本師釋迦牟尼佛。同了阿彌陀佛。就是十六位王子裏頭的兩位。發起請轉法輪的人。就有這樣無量無邊的功德。有了這樣大的功德。就會得到那樣的大福果。【福果。是有大福的結果。】在佛經裏頭。這種事情多得很哩。

所有盡法界、虛空界。十方三世一切佛剎、極微塵中。一一各有不可說不可說佛剎、極微塵數廣大佛剎。一一剎中。念念有不可說不可說佛剎、極微塵數一切諸佛、成等正覺。一切菩薩海會圍繞。

【解】等正覺的覺字、本來是覺悟的意思。就是覺悟一切法的智慧。加等正兩個字、是說這種智慧。是沒有邪見、沒有偏見的智慧。等正覺、同了正等正覺一樣的意思。不過省了一個正字罷了。

【釋】法界、是沒有窮盡的。虛空界、也是沒有窮盡的。現在說所有盡法界、盡虛空界。還要盡法界盡虛空界的十方那樣的廣大。還要經過過去、現在、未來、三世那樣的長久。把所有一切的佛剎。都化成像極微塵那樣的細粉。在這種每一個極微塵裏頭。又各有不可說不可說的佛剎。又有像把這些不可說不可說的佛剎、拿來化成極微塵數的廣大佛剎。在這種極微塵數廣大佛剎的每一個佛剎裏頭。只要在普賢菩薩每動一個念頭的一些些極短的時間。得道成佛的。就有不可說不可說佛剎極微塵數那樣的多。動一個念頭。就有這樣多的佛成佛。那末一個一個念頭接連動起來。又是經過無數劫的長久。那末得道成佛的多。還可以用數目來計算麼。還有無量無邊的菩薩。同了像海那麼大像海水那麼多的法會。都圍繞住了一切諸佛。要曉得一切菩薩一切海會。爲什麼都圍繞了一切諸佛呢。就是爲了要勸請一切諸佛都來轉法輪。說法勸度衆生的緣故。

而我悉以身口意業種種方便．殷勤勸請轉妙法輪。

【解】方便兩個字、是把便利利益給人的意思．也可以說是種種又簡單、又容易、的方法。殷勤、是常常不停歇的向佛勸請．一些不偷懶的意思。

【釋】普賢菩薩說像前邊那樣多的菩薩．都勸請佛慈悲轉法輪．我也完全用我的身口意三業．誠心向佛禮敬．【是意業】圍繞佛前長跪求請．【是身業】口說偈言稱讚佛的無量功德．【是口業凡是請佛說法．都是行這樣的禮的。】還要把這種種方便法．來勸請佛。佛就觀察衆生的機．是大的．還是小的．是利的．還是鈍的．衆生是怎樣的機．佛就說怎樣的法．來教化他們．這就叫轉法輪。法輪上加一妙字．是說法輪的力量大．因爲佛所說的法．使得衆生聽了．容易生出信心．來發起願心．來佛轉了法輪．就可以使得衆生成佛．不論什麽世界上．還有比轉法輪更加好的事情麽．所以稱妙法輪。不過勸請、必須殷勤的勸請．不可以懈怠的．要時常勸請．不可以勸請了幾次．就不勸請了．這纔可以說是誠心切心的勸請了。

如是虛空界盡。衆生界盡。衆生業盡。衆生煩惱盡。我常勸請一切諸佛轉正法輪。無有窮盡。念念相續。無有間斷。身語意業。無有疲厭。

法輪上加一個正字。是說這種法輪。完全是很正大的。沒有一些偏。更加沒有一些邪的。所以叫正法輪。這一段經文除了轉法輪一句外。都同了前邊一樣的。所以也不再解釋了。

復次善男子。言請佛住世者。

【解】世、是世界。住世、是請求佛常住在勸請人所住的世界上。不要離開這個世界。普賢菩薩本來也是我們娑婆世界上的人。那末普賢菩薩請佛住在世界上。一定就是請佛住在我們的娑婆世界上了。

【釋】普賢菩薩說完了第六大願請轉法輪後。又接上去說第七大願請佛住世了。佛既然成了佛、早就沒有生滅了、那裏還有住世不住世的分別呢、要曉得衆生的心念清淨、就常常可以見到佛、就算佛還住在世界上、沒有涅槃。若是衆生的心念垢穢、【垢穢、就是不潔淨。】就看不見佛、就算佛已經涅槃了、實在佛沒有生相、也沒有滅相的、衆生的機是怎麼樣的、佛就現怎麼的相罷了。

所有盡法界、虛空界、十方三世一切佛剎、極微塵數諸佛如來、將欲示現般涅槃者。及諸菩薩、聲聞、緣覺、有學、無學、乃至一切諸善知識、我悉勸請莫入涅槃。經於一切佛剎極微塵數劫、爲欲利樂一切衆生。

【解】示現的示字、是給旁人看的意思。現、是現出來的意思。善知識、是熱心勸人信佛學佛、或是勸人修學善業、不造惡業的修行人、在佛經裏頭、就稱做善知識。莫字、是不要的意思、也有禁止勸戒的意思。

【釋】所有盡法界虛空界十方三世一切佛刹極微塵數的佛．到了差不多要現涅槃相的時候．我就要向這麼多的佛、勸請他們常住在我們這個世界上．不要入涅槃。我還不獨是勸請佛哩。就是許多菩薩、聲聞、緣覺、有學、無學、那怕是尋常的善知識．我也要一齊勸請他們。常住在我們這個世界上．不要示現涅槃。一直要經過所有一切佛刹．都化成極細微塵那麼多的時劫．因爲善知識是喜歡勸他人修學佛道的．也可以當做黑暗房屋裏頭明亮的燈．所以善知識能够住世．也可以勸化一切衆生．使得一切衆生、都能够得到離苦得樂的利益。

如是虛空界盡．衆生界盡．衆生業盡．衆生煩惱盡．我此勸請無有窮盡。念念相續．無有間斷。身語意業．無有疲厭。

這一段經文也是同了前邊一樣的。

復次．善男子．言常隨佛學者．

【解】隨、是跟隨了佛．看佛怎樣的修成佛．我就跟隨了佛、常常學佛那樣的修。

【釋】說到一個常字．那就是永遠跟隨了佛．永遠不離開佛．永遠學佛的種種修法了。佛修的什麼功德．我也修什麼功德．那怕怎樣的難行．怎樣的苦行．凡是佛修的．我就不能够怕難．不能够怕苦．一定要至誠懇切的跟隨了學．跟隨了修。不可以修修不修了．學學不學了．也不可以跟跟不跟了．跟跟不跟．學學不學．修修不修．就不能够說是常隨了。

如此娑婆世界毗盧遮那如來．從初發心．精進不退．以不可說不可說身命而爲布施。剝皮爲紙．析骨爲筆．刺血爲墨．書寫經典．積如須彌。爲重法故．不惜身命．何況王位、城邑、聚落、宮殿、園林．一切所有．

【解】娑婆、是梵語．翻譯中國文．是堪忍兩個字．就是能够忍耐苦惱的意思。娑婆世界、就是我們現在所住的世界。毗盧遮那、也是梵語．翻譯中國文有幾種的說法．大家用慣的．是徧一切處四個字．就是說佛的光徧照一切的地方。毗盧遮那如來．就是本師釋迦牟尼佛。析字、是分開的意思。書寫的書字、就是寫的意思。經典、就是佛說的各種經。同了講佛法的各種書。邑、是一個縣份。不論是城內。或是城外。凡是屬這一個縣份的地土。都完全包括在裏頭的。聚落、是聚集攏了許多人。到人烟稀少的鄉下去、團聚起來。就成了一個鄉村了。

【釋】像這個娑婆世界的教主毗盧遮那佛。從他剛剛發求成佛的心起。一直勇猛精進。沒有一些懶惰退縮的心。因爲要勸化衆生。救度衆生。只要衆生能夠得到利益。那怕把他自己的身體性命。來布施給衆生。也是願意的。佛所布施的身體性命。直有不可說不可說那麼的多。佛的布施身命。是把自己身上的皮。剝下來當做紙用。把自己身上的骨。分開來當做筆用。把自己身上的血。刺出來當做墨用。把這種特別的筆墨紙。來寫各種的經典。所寫的經典。堆積起來。竟然有像須彌山那麼的高大。爲的是什麼呢。都是爲了尊重佛法的緣故。所以不愛惜自己的身體性命。拿自己的皮骨血來寫這麼多的經典。佛把自己身體上的皮骨血。尚且不愛惜。肯拿來當做紙筆墨用。何況身體以外的王位呢。當然肯放棄的了。放棄了王位。那就王所應該有的城邑、聚落。王所應該享受的王宮、金殿、花園、樹林、一切的一切。也自然都肯連帶放棄。一些沒有什麽捨不得了。所以用種種兩個字來包括了。

及餘種種難行苦行。乃至樹下成大菩提。示種種神通。起種種變化。現種種佛身。處種種衆會。或處一切諸大菩薩衆會道場。或處聲聞、及辟支佛、衆會道場。或處轉輪聖王、小王眷屬、衆會道場。或處剎利、及婆羅門、長者、居士、衆會道場。乃至或處天龍八部、人非人等、衆會道場。處於如是種種衆會。以圓滿音。如大雷震。隨其樂欲。成熟衆生。乃至示現入於涅槃。

【解】神、是不可以揣測的意思。通字、是沒有妨礙的意思。神通、是心性的力量。心性的作用。佛身有三種。一種叫做法身、一種叫做報身。一種叫做應身。【這三種身下邊就會講明白的。】處字、同了在字差不多的。轉輪聖王．是人世界上最大的王．威力很大的．所受的福報．也很大的．他有一千個兒子．七種寶貝．七種寶貝裏頭．有一種寶輪．輪王總共有四位．在每位脚底下．都有一個一千輻的寶輪．【輻、是輪盤中間的直木．用來撐住輪盤的。】分金銀銅鐵四種．有金輪的．就稱金輪王．有銀輪的．就稱銀輪王．有銅輪的．就稱銅輪王．有鐵輪的．就稱鐵輪王．這四種輪轉動起來．都能够在空中飛行的。在須彌山的外面．是香水海．七金山．再外面．是鹹水海．在鹹水海的海面上．東南西北．各有一個大洲．金輪王、是統管東南西北四個大洲的．銀輪王、是管東南西三個大洲的．銅輪王、是管東南兩個大洲的．鐵輪王、是單單管現在我們大家住的南瞻部洲的。小王、是我們娑婆世界上各國的國王．因爲照佛法講起來．一切境界．都是大得了不得的．一位天王、所管的地方．就不曉得要大到怎樣的大．看這個世界上管一個國的王．就覺得了不得的小了．所以就稱他們小王。眷屬、是小王的家屬等一切人。刹利、是梵語．翻譯中國文．是田主．也可以說是王．或是王種。【王種、是因爲他們世代做王的．所以稱王種。】婆羅門、是印度國西天竺地方四個大族裏頭的一個。婆羅門、也是梵語．翻譯中國文．是淨行兩個字．因爲這一族的人．都是喜歡清淨．怕煩惱的．並且大半都是修他們婆羅門教的。〔婆羅門教、就是修清淨的。〕長者、是稱道德高、年紀大的人。居士、是在家修學佛法．不造惡業的人。天、是從我們頭頂上起．一直向上．總共有二十八層天。八部、第一、是天．第二、是龍．一類的動物．第三、是夜叉〔能夠在空中飛行的神鬼．要吃人的。〕第四、是乾闥婆〔是帝釋那裏作樂的神。〕第五、是阿修羅〔是六道衆生裏頭的一道．他們前生也修福的．不過因爲發火心太旺．所以落到阿修羅道裏頭去的．他們常常同了帝釋戰鬥的．很厲害的。〕第六、是迦樓羅〔是一種大到了不得的鳥．他們的兩只翅膀張開來．左右兩邊．直要隔開到三百三十六里的遠哩．也是極兇狠的。〕第七、是緊那羅〔也是帝釋那裏作樂的神．不過這個樂神．是作法樂的．作起樂來．發出來的聲音．都含有講演種種佛法的意義在裏頭的．聽的人聽到了這種法樂．就會動他們修佛修善的心的．不過他們頭上生角的．所以也有人叫他們人非人的。○人非人、人、是世間之人．非人、是天、仙、修羅等。〕第

八、摩睺羅伽。【又叫大蟒神也是帝釋的樂神．他們的身體．同了人是一樣的．不過他們的頭．是像蛇一樣的。】樂欲的樂字、應在右角上邊加一圈．讀做效字音。

【釋】佛不但是像上邊所說的各種布施哩．還有種種難行苦行的功德．說也說不完的。【行字、要在右角上邊加一圈．讀做恨字音．是修的功夫。難行、是很不容易修的意思．苦行、是修得很苦的意思。】佛本來是一位太子．在印度的東北有一個迦毗羅國．他們的國王名字叫淨飯王．淨飯王的夫人名字叫摩耶夫人．在周朝的昭王二十六年四月初八日．佛從摩耶夫人右邊脅骨中間【脅骨、是在肩下邊的骨．俗語叫肋膀骨。】生下一位太子．後來長大了．看見這個世界上的人受種種苦惱．要離開這個世界出家去修行．到了十九歲．就出家了．情願忍耐受種種苦行．修到三十歲．就成佛了．後來在各處地方講說佛法．勸化衆生．救度衆生．到七十九歲．在拘尸那城外兩大株娑羅樹底下涅槃了。【拘尸那、是印度國的一個城名。】這裏的乃至兩個字．是從前邊所說佛修的種種難行苦行．一直到娑羅樹下涅槃．在這個中間．表顯出種種的神通來。神通、是心性的作用．不可以猜測的．也沒有阻礙的．所以叫神通。佛的神通．有六種的不相同．【六種不相同．講起來都是很煩的．並且同了這第八大願常隨佛學沒有什麼大關係．所以都不解釋了。】所以說佛得道成佛後．就能够表顯種種的神通．說到種種．就不是一種二種的神通了。【要曉得大畧情形．可以查看阿彌陀經白話解釋．供養他方十萬億佛一節底下有六種神通的解釋的。】佛不但是表顯種種神通．還要生起種種的變化．哩轉換舊的本質、叫變．【本質、是本來的質地。】本來沒有的忽然有了．叫化．佛的變化．有十八種的不相同．所以說佛得道成佛後．就能够生起種種的變化來．所生起的變化．是種種變化．都有的．不是一種二種的變化。這六種不同的神通．十八種不同的變化．聲聞緣覺也都有的．不過佛的神通變化．比了聲聞緣覺、要勝過到不可以拿數目來計算的倍數了。佛不但是生起種種的變化．還要現出種種的佛身來．哩普通說起來．總說佛有三種身．一種叫法身．【前邊已經講過了。】一種叫報身．那是因爲佛所修的種種大功德．修得長久了．功德也積得多了．現出這種莊嚴的身相來．享受種種快樂的福報．一種叫應身．

那是衆生的根機緣分、感動了佛、佛就現出這種身相、到各處世界上來、度脫有緣的衆生。【佛現出三種身相，就有三種名號，毗盧舍那、是法身佛的名號，盧舍那、是報身佛的名號，釋迦文、是應身佛的名號，三身、在阿彌陀經白話解釋裏頭，講得很詳細的。】這是大家說慣的一種說法。還有一種說法，就有十種身了。第一、衆生身。就是六道衆生那樣的身相。】第二、國土身。【就是六道衆生所依的國土。盧舍那佛因為要應衆生的機，所以現出這種國土的身相，實在所現國土的身，就是盧舍那佛的佛身。第三、業報身。【因為有業，應該受業報，所以現這種身相。】這個身體，本來是受報的，積善業、得福報，積惡業、得苦報，所以叫業報。第四、聲聞身。第五、緣覺身。第六、菩薩身。第七、如來身。第八、智身。【佛身所證得的眞實智慧。佛的身體、完全是圓明的智慧修成的，所以叫智身。】第九、法身。【佛身所證得的眞實理性。】第十、虛空身。【離垢染清淨二種相，沒有形相靈性的實體，雖然沒有形相的實體，但是仍舊能夠周徧法界。】是像虛空那樣、沒有名目，沒有形相，沒有窒礙，自由自在的身體，實在就是毘盧舍那如來的身相，佛所以現這樣種種的身相．都是爲了要救度衆生．看衆生的機應．該現怎麼樣的身相．纔可以度他．佛就現怎麼樣的身相．去向他說法．勸他修道成佛。佛常常到各處各種的法會裏頭去．或是到一切大菩薩的許多法會道場去．【道場、是講佛道的場子．實在就是法會。】或是到聲聞、辟支佛的許多法會道場去．或是到轉輪聖王、小王、眷屬、的許多法會道場去．或是到田主、婆羅門、長者、居士、的許多法會道場去。不要說這些人的法會道場了．就是天、龍、八部、人非人等、的許多法會道場裏頭．佛也會化現像他們眷屬那樣的身相．或是化現別種的身相．去勸化他們的．佛只要看見了有緣的衆生．就沒有一處不去勸化的。在像上邊所說的種種法會道場那裏．都發出又圓轉又充滿的聲音．像天上的雷震動一樣．隨聽法衆生所歡喜要聽的各種佛法．爲他們講演．使得他們修學到成熟的地位。【成熟兩個字的意思．是已到了成功的地位．像種的瓜已經熟了一樣。】佛從成佛後．這樣毫不停歇的遊行各處．說法度生．一直到示現入涅槃．纔算功德圓滿。

如是一切。我皆隨學。如今世尊毗盧遮那。

【解】如是兩個字、指上邊所說的種種．都包括在裏頭了。

【釋】像上邊所說佛從出家修學起．一直到成佛坐道場．說法度衆生．種種的難行苦行．佛是跟隨了古佛學的．我也要樣樣跟隨了．佛安心耐苦的修學。

如是盡法界、虛空界．十方三世、一切佛刹．所有塵中一切如來．皆亦如是．於念念中．我皆隨學。

【解】塵中、是說在一切佛刹、所化成像微塵那樣細粉的裏頭。

【釋】上邊說我皆隨學．是說跟隨本師釋迦牟尼佛修學。這一段、是說把盡法界、虛空界、十方三世、一切佛刹．都化成了微塵．所有在極微塵數裏頭的．一切佛．我也像跟隨了本師釋迦牟尼佛那樣的修學。還不但是這樣的跟隨了修學哩．要曉得佛字本來就是覺悟的意思．一念覺悟就是一佛出世．念念覺悟．就有無窮無盡的佛出世．我念念在想佛、就是念念在跟隨了佛修學、沒有一念不想佛、就沒有一念不跟隨了佛修學、所以說於念念中、我皆隨學。

如是虛空界盡、衆生界盡、衆生業盡、衆生煩惱盡、我此隨學、無有窮盡。念念相續、無有間斷。身語意業、無有疲厭。

這一段的意思、是依照了上一段說的、上一段說於念念中、我皆隨學、要曉得人的一念一念、永遠不停歇的、也永遠沒有窮盡的、一念一念既然沒有窮盡、那末隨學也自然跟了一念一念、永遠沒有窮盡了。這一段的文字、同前邊各大願的歸結處、一樣的、所以也不再多解釋了。

復次、善男子、言恆順衆生者。

【解】恆、是常常同了不停歇兩種的意思。順字、是依順不違背的意思。

【釋】這是普賢菩薩第九個大願心。十方世界、無量無邊的大衆生的種類、無量無邊的多．衆生的根性．又是千差萬別各不相同的．如果要常常依順他們．實在是很不容易的。佛是覺悟的．已經成道的．可以跟了學的．所以叫常隨佛學。衆生是迷惑的．有善有惡的．不可以跟隨了他們學的．只可以依順了他們的根性是怎樣的．就隨順了他們的根性．用對他們根性的方法．去勸化他們．使得他們容易相信．容易依從．善的、就能夠格外善了．惡的、也能變成善了。並且這個順字．一定要分別淸楚．若是碰到做惡事的衆生．那就不但是不可以依順了他們．一同去做惡事．並且還應該用正當的道理．來切切實實勸化他們．儆戒他們．倘然他們不肯聽．不肯改．那末就是用威力來强迫他們．改惡從善．也是應該的。要曉得佛的順衆生．是佛的一片平等大慈悲心．【平等大慈悲心．是說對了不論什麽衆生．都發一樣的大慈悲心．沒有一些些輕重大小的分別．叫平等。】是一定要把所有的衆生．個個脫離種種的苦．個個得到種種的樂．纔可以算是眞實的順衆生。說到一個順字．就要常常順的．不可以今日順了．明日又不順了．也不可以對這個衆生是順的．對那個衆生又不順了．一定要天天順．個個順．纔可叫恆順．若是有一個衆生不依順、或是有一剎那的時間不依順、那就不可以叫恆順了、也就不是普賢菩薩的第九大願了。

謂盡法界虛空界、十方剎海所有衆生、種種差別。所謂卵生、胎生、濕生、化生、或有依於地水火風而生住者、或有依空及諸卉木而生住者、種種生類、種種色身、種種形狀、種種相貌、種種壽量、種種族類、種種名號、種種心性、種種知見、種種欲樂、種種意行、種種威儀、種種衣服、種種飲食、處於種種村營、聚落、城邑、宮殿。乃至一切天龍八部、人非人等。無足、二足、四足、多足、有色、無色、有想、無想、非有想、非無想。

【解】卵、大的叫蛋、小的叫子。卵生、是在卵裏頭身體生完全了、破了卵的殼、生出來的。胎生、是在胞胎裏頭身體生完全了、破了胞衣、生出來的。濕生、是在潮濕的地方得到了生氣、生出來的。化生、是變化出來的．像蠶會化成蛾那樣的。兩只脚的鳥類．同了水裏頭的動物．【動物、動物就是有生命的活物。】大半都是卵生的。人同了龍．還有四只脚的獸類．大半都是胎生的。有些小蟲．像蜒蚰、螞蟥等．都是濕生的。旱地上的蝶蚊蠅等．同了水裏頭的蚌蛤等．都是化生的。又天道、只有化生．人道、只有胎生．阿修羅道、畜生道、都是四生全有的。鬼道、胎生化生都有的。地獄道、只有化生。依字、是依靠的意思。卉、就是艸。生類、是活的東西．有生命一類的東西．人也歸在這生類裏頭的。色身、照我們世俗人講起來．就是我們這種有眼耳鼻舌血肉皮骨的身體．若是照佛法講起來．就要說色身是地水火風四大．【身上的皮肉、筋骨、齒爪、毛髮、腦髓、都歸在地大裏頭．膿血、精液、涕淚、涎痰、都歸在水大裏頭．暖氣、歸在火大裏頭．呼吸、動作、歸在風大裏頭．說得簡單些。就只叫做四大。】同了色聲香味觸五塵．和合成功這個身體的。【五塵、在朝暮課誦白話解釋卷首．佛法大意裏頭講得很詳細的。】欲樂的欲字、是要同了喜歡兩種意思。樂字、是喜歡快樂的意思。【樂字、要在右邊下角加一圈．讀做洛字音。】意、就是心裏頭的意思。行、是外面做出來的行動。威、是容貌端正嚴肅的意思。儀、是行、住、坐、臥、都有禮貌的意思。在空地上、用竹木同了布類、搭成了帳幕．【幕、是用大幅的布張起來可以遮蓋一切像篷帳差不多的。】人就住在這帳幕裏頭．要搬遷．就搬遷．容易得很的．這個就叫營。無足的動物．是蛇一類的。二足、是人同了鳥一類的。四足、是獸一類的。多足、是百足蟲一類的。有色、是指色界．【從我們這個世界下邊的最下一層地獄起．向上經過我們現在所住的世界．一直到他化自在天．總共有六層天．都叫欲界．再上去．總共有十八層天．叫做色界。】這個色界上的人．只有男人．沒有女人的．所以都沒有淫慾的．不過這些人．都還有形相顏色可以看得見的色身．【因爲還有形相顏色可以看得見．所以叫色身。】所以叫色界。無色、是指無色界。【從色界再上去有四層天．住在這四層天上的人．連形相顏色都看不見了．所以叫無色界。】有想、是指識無邊處天．因爲這一層天上的人．已經是沒有形相顏色的了．他們只依靠了五蘊裏頭的識想兩蘊．做生命的．所以叫有想。【天總共有二十八層．這識無邊處天．是第二十六層天．上邊的無所有處天．是第二十七層天。蘊字、是五蘊裏頭的第五蘊．想字、是五蘊裏頭的第三蘊．這些名目講起來很煩的．並且同了這第九大願恆順衆生沒有什麼大關係．所以不再講了．若是要曉得詳細的解釋．可以請阿彌陀經心經兩種白話解釋來看看．都講得很明白的。】無想、是指無所有處天．因爲這一層天上的人．能夠伏住第七識．【伏住、是住在那裏不放他動的意思。第七識同了下邊的第八識．在佛法大意裏頭．都有詳細解釋的。】可以沒有妄想的分別心．所以叫無想。非有想、非無想、指非想非非想處天．【這一層天、是最高的第二十八層天了。】因爲這一層天上的人．都是修學定力．已經功夫很深了．能夠用他們的定力來制伏第八識．使得這第八識像已經息滅一樣．所以叫非有想。但是定力倘然稍稍有些不滿足的時候．這第八識就像還有些存在．所以叫非無想。

【釋】這是普賢菩薩第九大願所說的衆生．眞要把盡法界．盡虛空界．盡十方剎海．種種各不相同的衆生．都包含在裏頭．沒有一種衆生漏掉的。所有卵生的．胎生的．濕生的．化生的．或是依靠了地生的．或是依靠了水生的．或是依靠了火生的．或是依靠了風生的．還有依靠了空生的．或是依靠了各種草木生的．像上邊所說的各種．都是種種依靠的分別。講到有生命一類的．那就天上有六欲天．【六欲天、總共有六層第一層四天王天．第二層忉利天．第三層夜摩天．第四層兜率天．第五層化樂天．第六層他化自在天．生在這六層天上的人．都有男女情欲的．所以叫欲界．也叫六欲天。】人世間有四大洲．【就是須彌山四周圍的四大洲．東邊的大洲．叫東勝神洲．南邊的．就是我們所住的南贍部洲．西邊的叫西牛貨洲．北邊的叫北俱盧洲。】還有生羽的．【羽、就是毛．凡是鳥一類的翅膀上的長毛．叫羽。】生鱗的．【生在魚類身上的．】生甲的．【生在龜鼈身上的。】千差萬別．各式各樣．多得很哩。講到色身．有粗蠢的．有細巧的。形狀、有竪的．【人類。】有橫的．【畜生類。】相貌．有醜陋的．有美麗的。壽命．有長的．有短的。種族．有貴的．有賤的。心性．有剛强的．有溫和的。知見．有邪的．有正的。欲樂．有善的．有惡的。意行．有穩定的．有散亂的。威儀．有浮動的．有鎭靜的。上邊所說的各種．是顯明白種類的差別。講到衣服飲食．也各有珍貴的．粗劣的．一切的一切．都像河沙那樣的多．【河沙、是河裏邊的泥沙】怎樣說得盡呢．所以都用種種兩個字來包括了。從衣服到宮殿．是說受用的千差萬別．像上邊所說的各種各類的衆生．都住在種種的鄉村、篷帳、聚落、城邑、宮殿、裏頭。不但是上邊所說的各種衆生．還有天、龍、八部、人非人等．無足、二足、四足、多足、有色、無色、有想、無想、非有想非無想、一切的衆生哩。

如是等類．我皆於彼隨順而轉。種種承事．種種供養。如敬父母．如奉師長．及阿羅漢．乃至如來．等無有異。於諸病苦．爲作良醫。於失道者．示其正路。於闇夜中．爲作光明。於貧窮者．令得伏藏．菩薩如是平等饒益一切衆生。

【解】如是兩個字、是指前邊所說的各種各類的一切衆生。承事、是服侍伺候的意思。伏藏的伏字、是隱瞞的意思。藏字、【要在右邊上角加一圈．讀做狀字音。】是收放珍寶衣物的庫藏。菩薩、是指發恆順衆生大願的人。饒字、是多的意思。饒益、是很多的利益。

【釋】像上邊所說的各種各類的衆生、應該要怎樣的隨順他們、我就怎樣的隨順、一切都隨了他們的意思來轉變我的隨順方法。我用種種方法、服侍他們、用種種物品、供養他們。衆生雖然不是生我的父母、但是我恭敬他們、像恭敬生我的父母一樣、衆生雖然不是教導我的師長、也不是阿羅漢、但是我服侍他們、像服侍我的師長同了阿羅漢一樣。我的服侍他們、供養他們、竟然像服侍供養佛一樣的平等隨順、沒有絲毫兩樣、所以叫等無有異。乃至兩個字、是簡便說法、把服侍供養辟支佛菩薩、都包括在裏頭了。若是見到有疾病痛苦的衆生、我情願做他們的好醫生、給他們醫病、給他們服藥。如果有迷路的衆生、我情願引領他們走正大的路。在黑暗的夜間、我情願做明亮的燈光去照他們。碰到貧窮的衆生、我願意拿我所有的珍寶、分給他們、使得他們也有隱密收放珍寶的庫藏、可以永久的享用。這是照字句的解釋、如果講得深一些、那爲作良醫一句、是說生死煩惱、是衆生的病苦、把佛法來勸導衆生、能够斷煩惱、了生死、是良醫、不明了佛道、是貧窮、明了自心本來是佛、就是得到了埋在地底下的伏藏了。發願常常依順衆生

的菩薩．應該要像這樣的不分高下．一律平等的依順．應該要使得一切衆生．得到很大的利益

何以故．菩薩若能隨順衆生．則為隨順供養諸佛。若於衆生尊重承事．則為尊重承事如來。若令衆生生歡喜者．則令一切如來歡喜。

【解】尊重承事四個字．就是要像上邊所說的如敬父母．如奉師長．及阿羅漢．乃至如來那樣的服侍供養。

【釋】普賢菩薩先問一句道．對佛隨順．當然是應該的．但是為什麼緣故．對那衆生．要像上邊所說的這樣事事隨順呢．大家要曉得菩薩如果能够隨順衆生．就是隨順供養諸佛。如果能够尊重承事衆生．就是尊重承事諸佛。如果能够使得衆生生歡喜心．就是使得一切諸佛生歡喜心。因為佛是喜歡隨順衆生的．所以菩薩若是能够隨順衆生．就是隨順了佛的心念．所以說就是隨順供養諸佛。佛又喜歡尊重承事衆生的．菩薩若是

尊重承事衆生、就是隨順了佛的心、所以說就是尊重承事如來。佛又喜歡衆生生歡喜心的菩薩、若是使得衆生生歡喜心、就是隨順了佛的心、所以說就是使得一切如來歡喜。

何以故。諸佛如來、以大悲心而爲體故。因於衆生而起大悲。因於大悲生菩提心。因菩提心成等正覺。

【解】體字的解釋、本來就是體質質地、諸佛如來拿大悲心爲體、是說佛的體質、完全只有這種大悲心、除了大悲心、就沒有別的體質了、所以說諸佛如來、以大悲心爲體。等正覺、就是正等正覺、不過省了一個正字罷了、意思還是同了正等正覺一樣。成正等覺、就是成佛的意思。

【釋】這一段經文的意思、完全是說的同體大悲、我先把同體大悲四個字講明白了、再講經文、就更加容易明白了。佛看出一切衆生的身體、同了自己的身體、是一個身體、沒有你的我的分別的、看見衆生受苦惱、像自己受苦惱一樣、想種種方法來拔除衆生的種種苦惱、把種種的樂趣、施給衆生、這就叫同體大悲。【悲心、是見到旁人苦惱、發救濟旁人的心。凡有大悲心的、也很多、不過凡夫的悲心、是很小的、佛菩薩的悲心、就很大了、所以稱大悲。】佛的所以能够有同體大悲心、就因爲佛的全體、完全是大悲心造成的緣故。佛因爲哀憐衆生、起這種大悲心、又因爲有了這樣深切廣大的大悲心、就一切都覺悟了、因爲一切都覺悟了、就成了佛了、所以說佛的全體、完全是大悲心造成的。

譬如曠野沙磧之中、有大樹王、若根得水、枝葉華果、悉皆繁茂。

【解】曠字、是空曠的意思。曠野、是空曠荒野、沒有人住的地方。磧、是小石塊。大樹王、是因爲那種極大極大的樹、是各種樹裏頭最大的樹、所以稱做王。【下邊的菩提樹稱王、也是這個意思。】繁茂、是種在泥土裏頭的東西、長得很興發茂盛的意思。

【釋】這一段經文、完全用譬喻方法來說的。曠野、譬喻生死。大樹、譬喻菩提。【菩提、是梵語、翻譯中國文有幾種意思、可以說是無上智慧、也可以說是無上佛道、也可以說是覺悟的意思。】根譬喻一切衆生。水譬喻佛的大悲心。枝葉、譬喻人天、聲聞、緣覺。華、譬喻菩薩。果、譬喻佛。這是分開了一句一句講的。若是併起來講、是說譬如在荒野地方、沙泥石塊中間、有一株很大的樹、沒有人拿水去澆灌、當然要乾枯死了。若是這株樹根上、有水去澆灌了、那末這一株樹的枝葉、自然就會長大了、華也會開了、果也會結了、一切都很興發茂盛起來了。這是比喻凡夫修學佛道、就可以成佛了。

生死曠野、菩提樹王、亦復如是。一切衆生而爲樹根、諸佛菩薩而爲華果。以大悲水饒益衆生、則能成就諸佛菩薩智慧華果。

【解】生同了死、是絕對相反的、一些沒有什麼方法、可以改變的、不能够要他生就生、要他不死就不死的。這是比喻曠野地方、儘管散種子下去、還是不會生長的。如是兩個字、是指上邊一節所說的幾句話。

【釋】上邊一節、所說的曠野沙磧中間、散下去的種子、只會枯死、不會生長、那是天然的道理。菩提樹王、是比喻佛的。佛的所以能夠成佛、也全靠澆灌的。佛在沒有成佛的前、同了衆生是一樣的。也是迷惑不悟的。不過佛能夠破除迷惑、漸漸的修上去、修到功夫深了、覺悟了、就成了佛了。所以說一切衆生、是菩提樹的根、就是說衆生是佛菩薩的根本。諸佛菩薩既然是從衆生修成的、那就可以說諸佛菩薩、就是菩提樹上開出來的華、結出來的果了。所以說諸佛菩薩、是樹根的華果。但是要尋常的樹生長起來、只要澆灌些江河的水、就夠了。現在要澆灌衆生的樹根、要他們開華結果、那就一定要用大悲水、【大悲水、是佛菩薩用大慈悲心、來教化衆生、修學佛法。】纔能夠使得衆生、得到很大的利益。所說得到很大的利益、是什麼呢、就是衆生都能夠修成像諸佛菩薩、一樣的智慧華果、修成智慧華果、就是修成佛、修成菩薩。

何以故。若諸菩薩。以大悲水饒益衆生。則能成就阿耨多羅三藐三

菩提故。

【解】阿耨多羅三藐三菩提．是梵語翻譯中國文．阿、是無字．耨多羅、是上字．三、是正字．藐、是等字．菩提、是覺字．合併起來說．就是無上正等正覺六個字。分開來講、無上、是最高最上的意思．正等、是沒有邪見偏見是意思。【邪見、是種種不合正當道理的見解．偏見、也可以叫邊見．就是不正的見解．偏在一邊的見解。在阿彌陀經白話解釋．彼諸佛等亦稱讚我不可思議功德一節底下．有詳細註解的。】

【釋】何以故三個字．是反問一句．就是說爲什麼緣故．諸菩薩要把大悲水去利益衆生．使得衆生都能夠成佛成菩薩呢．要曉得要使得智慧能夠圓滿成就．一定不可以看出旁人同了我．有分別的心．一定要看出一切衆生．都是我心裏頭現出來的衆生．衆生就是我．我就是衆生．使得衆生得到利益．就是我得到利益．使得衆生智慧圓滿．就是我智慧圓滿．所以若是諸佛菩薩把大悲水來利益衆生．就是諸佛菩薩自己得到利益．就是諸佛菩薩自己能够成功正等正覺的緣故。

是故菩提、屬於衆生。若無衆生、一切菩薩終不能成無上正覺。

【解】屬字、是歸屬的意思、是我所有的意思。

【釋】上邊說菩薩把大悲水來利益衆生、菩薩自己就能够成佛、照這樣說起來、那是成佛不成佛、全靠在衆生身上了、有了衆生、菩薩纔能够把大悲水去利益他們、使得他們修學佛法、成佛菩薩、那是有了衆生、諸菩薩纔能够積這樣很大的功德、纔能够成佛的、所以說菩提屬於衆生、若是沒有衆生、菩薩的大悲水、就沒有地方可以去用、那就沒有方法積這樣很大的功德、就不能够成佛了。

善男子、汝於此義、應如是解。以於衆生心平等故、則能成就圓滿大悲。以大悲心隨衆生故、則能成就供養如來。

【解】義、就是意思。此義、是指上邊一層一層反覆詳細所講的意義。如是解、是指應當照上邊那樣的解釋。

【釋】普賢菩薩又向法會的聽衆叫一聲道、善男子呀、你們聽了上邊明白透澈所講的種種意義、應該照上邊所講的種種覺悟了解。因爲對待一切衆生、一律平等、沒有人我高下的分別、就能夠常常隨順衆生、使大悲心漸漸的增加長大起來、圓滿成就起來。能夠拿大悲心來隨順衆生、就是供養諸佛、因爲隨順衆生、就是隨順諸佛一樣的緣故。

菩薩如是隨順衆生、虛空界盡、衆生界盡、衆生業盡、衆生煩惱盡、我此隨順無有窮盡。念念相續、無有間斷。身語意業、無有疲厭。

復次、善男子、言普皆囘向者、

【解】囘字、是囘轉來的意思。向字、是歸向的意思。

【釋】把自己所修的功德、囘轉來歸向到某一種事情上去、叫做囘向。譬如本來向東面立的、現在囘轉來、向西面立了。囘向有三種、第一種、叫囘事向理、是把修的種種事相、回轉來歸向到理性上去。像前邊第三大願廣修供養、先講財供養、就是事相。後來說到法供養、就歸向到理性上去了。這就是回事向理。第二種、叫回自向他、是把自己所修的功德、回轉來歸向到十方三世一切衆生的身上去、完全把功德布施給衆生、所以叫回自向他。第三種、叫回因向果、是起初修功德、是爲了求福報、那末這個修功德的因、是求福報、後來把修求福報的因、回轉來歸向到修求成佛的果上去、希望將來成佛、所以叫回因向果。還有一種、叫回小向大、那是起初修的是聲聞緣覺的小乘法、只曉得自己修自己了脫生死、沒有度人的大願心的、後來聽到了佛說大乘法、就把所修只顧自己了生死的小願心、回轉來歸向到度人的大願心上去、專心修無上佛道了、所以叫回小向大。現在第十大願所說的普皆回向、看了下邊一段、就都能夠明白了。

從初禮拜。乃至隨順。所有功德。皆悉迴向盡法界、虛空界、一切衆生。

【解】禮拜、禮拜就是第一大願禮敬諸佛。隨順、隨順就是第九大願恆順衆生。用乃至兩個字、是包括第二大願稱讚如來、一直到第八大願常隨佛學、七個大願在裏頭。

【釋】所說的普賢回向、就是把第一大願禮敬諸佛、一直到第九大願恆順衆生、所有修的大小種種功德、完全回轉來、歸向到盡法界虛空界、所有的一切衆生身上去。

願令衆生、常得安樂、無諸病苦。欲行惡法、皆悉不成。所修善業、皆速成就。關閉一切諸惡趣門、開示人天涅槃正路。若諸衆生、因其積集諸惡業故、所感一切極重苦果、我皆代受。令彼衆生、悉得解脫、究竟成就無上菩提。

【解】惡趣、就是惡道、是地獄餓鬼畜生三種惡道。閉字、同了關字一樣的意思。感、是感動感應的意思、譬如說因爲造了惡業的因、就會結成苦報的果、這個苦果、就是惡業感應來的。集字、是聚攏來的意思。

【釋】這一段經文、就是上邊所說的回自向他的一種回向、要回向一定要發願的、發願的意思．就是回向的意思．下邊所說的種種回向衆生．都是發的把自己的功德回轉來都歸向到衆生身上去的願．願意一切衆生常常得到安樂．沒有種種病痛苦惱。衆生如果要做惡的事情．願意他們都做不成。衆生如果要修善業．願意他們趕緊修成。衆生只修善業．不造惡業．就可以不墮落到惡道裏頭去了．惡道就可以空了．令一切衆生．不行惡法．便是把一切惡道的門都關起來了。令一切衆生修行善業．便是把一切人道、天道．同了佛、菩薩、聲聞、緣覺、等涅槃的正當大路開闢出來了。若是一切衆生因爲積聚了許多惡業的緣故．感應到一切極重的苦報應．【結苦果、就因爲造了惡業．所以苦果就是苦報應。】我都願意代替他們去受．使得一切衆生都可以自由自在．不受苦報的束縛．歸根結底．使他們都成就佛道。

菩薩如是所修回向．虛空界盡．衆生界盡．衆生業盡．衆生煩惱盡．我此迴向．無有窮盡。念念相續．無有間斷。身語意業．無有疲厭。

這一段文字同前邊各大願的歸結處一樣的、所以也不再解釋了。

善男子、是爲菩薩摩訶薩十種大願、具足圓滿。若諸菩薩、於此大願、隨順趣入、則能成熟一切衆生、則能隨順阿耨多羅三藐三菩提、則能成滿普賢菩薩諸行願海。是故善男子、汝於此義、應如是知。

【解】菩薩摩訶薩、本經起頭已經解釋過。趣入的趣字、同了入字一樣的、也是進去的意思。成、是成就。滿、是圓滿。

【釋】普賢菩薩又叫了一聲善男子。【有人問、爲什麼叫善男子的時候多、叫善女人的時候少呢、這是有兩種緣故、一種是聽衆裏頭常常是男子多、女人少、一種是叫了男子、當然女人也聽見了、不必多叫了。】就接上去說道、這樣就是菩薩的十種大願、完全圓滿。若是一切修行的菩薩、都能夠依順這十種大願、能夠趣入這十種大願。【趣字、和走字差不多的意思。】就能夠使得一切衆生、個個成佛。【這是回自向他、因爲把自己所修的功德。都歸到一切衆生身上。使得一切衆生都成佛。所以說是回自向他。】能夠把自己所修的一切功德。完全都歸向衆生。使得一切衆生。個個成佛。這種大功德。大到透了。得麼。所以自己也就能夠隨順佛果。【這是回因向果。因爲修的十種大願的功德。是成佛的因。修了成佛的因。就成就了正等正覺的果。所以說是回因向果。】也就能夠成就圓滿了普賢菩薩的十種行願海了。【這是回事向理。因爲修行人能夠依順了普賢菩薩的十大願。一願一願修上去。便能夠把所修的功德。回自向他。回因向果。合了普賢菩薩的行願海。也合了諸佛希望衆生個個成佛的心理。這又是回事向理。用一個海字。是因爲普賢菩薩這十種大願。實在大到了不得。所以用一個海字來比願力的大。】因爲十種大願。能夠得到成佛的果。所以你們善男子呀。應該要把這十種大願的種種義理。完全要像上邊所講的那樣明白透切的知道。普賢菩薩說到這裏。又叫一聲善男子。那是菩薩的大慈悲心太切了。要聽衆格外注意的意思。

若有善男子、善女人．以滿十方無量無邊不可說不可說佛刹極微塵數一切世界、上妙七寶．及諸人天最勝安樂．布施爾所一切世界所有衆生．供養爾所一切世界諸佛菩薩．經爾所佛刹極微塵數劫．相續不斷．所得功德。若復有人．聞此願王．一經於耳。所有功德．比前功德．百分不及一．千分不及一．乃至優波尼沙陀分、亦不及一。

【解】上妙七寶、是金、銀、珊瑚、【珊瑚、是紅色的一種寶．出在海裏頭的．這種寶現在也還有的。】硨磲、【有些像白玉．有一條一條紋路．像車輪印成的樣子。】瑪瑙、【顏色是淡紅的．形狀有些像馬的腦子。】赤珠、【是紅色的珠。】摩尼。【是一種寶珠．摩尼、是梵語．翻譯中國文．有幾種說法．也有翻譯做如意珠的．就是可以稱你的心．要什麼就有什麼．這種寶珠又光明又潔淨．污穢染不上去的．拿來放在污水裏頭．污水就會變成清水的．這種寶珠．出在龍王或是摩竭魚的腦裏頭的．倘然人得到了這種寶珠．就毒不能夠害他．火不能够燒他了．所以眞是極寶貴的一種珠。摩竭魚．是一種極大的魚．身體有三四百由旬的長．最大的．有七百由旬。】優波尼沙陀、是一個極大的數目。爾所二字．古音讀如許。

【釋】若是有善男子．善女人．【善女人、是包括比丘尼、式叉摩那、沙彌尼、優婆夷、都在裏頭的。〇比丘尼、是出家受具足戒的女人．式叉摩那、是梵語．翻譯中國文．叫正學女．凡是願受具足戒的沙彌尼．從十八歲到二十歲的兩年裏頭．教他學六種戒法．不淫、不盜、不殺、不說假話、不喝一切酒、不在不應該吃東西的時候吃東西．一邊教化他們學法．一邊試驗他們、能够不能够守住這種戒法。沙彌尼、是出家受十戒的女人。優婆夷、是在家受五戒的女人。】把十方、無量無邊．不可說不可說的佛刹．化成了極細極細的粉．像那麼多的世界．都裝滿了上等很好的寶貝．那寶貝的多．當然不能够用數目來計算的了．寶貝既然這樣的多．怎麼只說七種呢．這是揀選寶貝裏頭最好的金、銀、珊瑚、硨磲、瑪瑙、赤珠、摩尼、七種．特地提出來說．說別種寶貝．就不必再多說了。世界說到無量無邊、不可說不可說佛剎塵數寶貝說到裝滿一切世界、那末世界的大寶貝的多、還了得麼。但是所說的還都是外財、【外財、是身體外的財寶。】若是再把人天最勝的安樂、像人間的富貴壽考天宮的種種快樂用來布施給同前面所說那麼多的一切世界所有的衆生。又來供養同前面所說那麼多的一切世界的諸佛菩薩、【這是顯明受布施供養的人多。】並且要經過佛剎極微塵數劫、那樣長久的時期、還要接連布施、接連供養、不可以稍有間斷、像這樣大的功德、當然是大得了不得了。但是只要有人耳朵裏頭、一聽到這十種的大願、所得的功德、就比了上邊所說的布施衆生、供養諸佛的功德百分不及一、分千分不及一分、那怕大到優尼沙陀分、也不及一分、這就見得聽經功德的大實在是了不得的。

或復有人、以深信心、於此大願、受持讀誦、乃至書寫一四句偈、速能除滅五無間業。所有世間身心等病、種種苦惱、乃至佛剎極微塵數一切惡業．皆得消除。一切魔軍．夜叉羅刹．若鳩槃荼．若毗舍闍．若部多等．飲血啗肉．諸惡鬼神皆悉遠離。或時發心親近守護。

【解】持字本來是捏住的意思。受持讀誦的持字、只好當他記住的解釋．看了書念叫做誦、不看書念叫做誦。無間是沒有間斷停歇的意思。犯極重罪的人．死了要到五無間地獄裏頭去．怎麼叫五無間．第一種、是時無間。凡是到這種地獄裏頭去的衆生．日日夜夜受刑罰．要經過多少劫數．沒有一個時候停歇的。第二種、是形無間。形是形狀．這個地獄．四周圍的牆．長有一萬八千里．高有一千里．牆是鐵的．上下中間．都是大火不停歇的在那裏燒．有鐵床一只．横豎各有一萬里的長．一個人受刑罰．自己看見自己的身體．裝滿在這只鐵床上．千萬個人受刑罰．千萬個人也都各各看見自己的身體．裝滿在這只鐵床上．沒有兩樣的形狀。【一個人也滿．千萬個人也滿．並且各各不妨礙．這就見得色身本來就是法身．法法都是融通無礙的。】第三種、是受苦無間。地獄裏頭種種刑罰的名目。種種刑罰的器具、像刀山、劍樹、鑊湯、油鍋等。都要一件一件輪流受到。接連不斷的。第四種、是趣果無間。【趣果的趣字、本來是去的意思。趣果、是在生的時候。已經造了怎樣的罪業。死後就要趣向到應該受怎樣果報的地獄裏頭去。】不論男女老少貧富貴賤。也不管是天神地鬼。凡是造了落地獄的罪業。就一定要受這種苦報應的。第五種、是命無間。落到地獄裏頭去的罪人。從進去的時候起。總要經過百劫千劫的長時期。每一天一夜裏頭。總要死一萬次。生一萬次。隨死隨生。隨生隨死。不是到所犯的罪業、消滅盡了。這種苦報應。永遠不會間斷的。魔、是一種惡鬼。專門擾亂修道的人。破壞旁人做善事的。魔軍、是惡魔手下的兵。夜叉、同了羅剎差不多的。都是惡鬼。都極兇狠的。都要吃人的。身體都很輕靈。能夠在空中飛行。很快的。鳩槃荼、毗舍闍、也是惡鬼。鳩槃荼、要吸人精氣的。毗舍闍、要啖人的氣的。【啖就是吃。】部多、也是一種鬼。不過這種鬼。不是父母生的。是化生的。飲、是喝東西。不論喝水、喝湯、都叫做飲。

【釋】若是有人。用他極深切的信心。把這十種大願。領受記住。看了書的讀。不看書的誦．那怕極少到只寫一個四句的偈．也就可以立刻滅除五無間地獄裏頭．極苦極苦的刑罰的。所有這個世界上的各種病痛．或是關係身體上的病．因水受到的病【因字、就是因爲的意思。】因風受到的病．因熱受到的病．因鬼受到的病．還有關係心念上的病．像因懼怕受的病．因驚嚇受到的病．因憂愁受到的病．因愚癡受到的病．有這樣多的種種病．就會發生那麼多的種種苦惱。還有像佛刹極微塵數那麼多的一切惡業．都可以完全消滅清淨。所有一切的魔軍、夜叉羅刹、鳩槃茶、毗舍闍部多等等．要吸人血的吃人肉的．許多惡鬼．或是種種惡神．完全都遠遠的離開這個讀經寫偈的人了。並且這種種的惡魔．有些還不但是不來害讀經寫偈的人．並且有的時候．他們也會發起善心來．親近保護這個讀經寫偈的人哩．這些妬忌佛法的惡鬼．都會變成了保護佛法的善神了。大家想想看．這普賢菩薩十大願感化衆生的威力．大不大呢。照上邊的種種說法．不但是能够感化人．並且還能够感化極惡的惡魔．使得變成善神．若是我們還不依照了普賢菩薩所說十大願的種種修法去修學．怎麼對得起普賢菩薩呢。

是故若人誦此願者．行於世間．無有障礙。如空中月．出於雲翳。諸佛菩薩之所稱讚．一切人天皆應禮敬．一切衆生悉應供養。

【解】雲翳、是青雲上面遮蓋的一層烏雲。【烏雲、是淡的黑雲】。

【釋】像前邊所說的種種惡業都可以消滅種種魔障．【凡是魔都要妨礙人行善修道的所以稱他們做魔障。】都可以遠離．所以若是有人肯讀誦這十個大願．不論他走到什麼世界．什麼地方去．一定沒有一些些阻隔妨礙。譬如空中的月．透出在雲翳的外邊．雲翳就不能够阻礙月的光了。並且諸佛菩薩．還都要稱讚他．一切天上的人世間的人都應該禮敬他。一切的衆生．都應該來供養他。

此善男子．善得人身．圓滿普賢所有功德。不久當如普賢菩薩．速得成就微妙色身．具三十二大丈夫相。

【解】善得、是說這個善男子．得到了人身．能够把這個身體．用得的當．不是白白的有了這個人身、寃枉用的、胡亂用的、所以叫善得。微字、是微細同了精巧的意思。色身、就是我們現在這種血肉的身體。【在佛法裏頭稱起來、我們這種身體、是地水火風四大同了色聲香味觸五塵所成的四大五塵、講起來很煩的、並且同了這一段經文、沒有什麼關係、所以不解釋了。倘然要曉得、在心經白話解釋裏頭、講得很詳細的。】具字、同了有字差不多的意思。三十二大丈夫相、是三十二種很好的相、又溫和、又威嚴、又端正、又勇健、所以稱做大丈夫相。只有佛完全有這樣的三十二種相。轉輪聖王雖然也有三十二種好相、但是比較佛的三十二種大丈夫相、就差得遠了。

【釋】這個讀誦十大願王的善男子、他得到了這個人身、會把這個身體、用得很正當、很合佛菩薩的心念。修學普賢菩薩的十大願、修學普賢菩薩所有的功德、就像普賢菩薩一樣的菩薩了。等到完全修學圓滿了、這個人不長久就可以像普賢菩薩一樣、變成一個微妙奇巧的色身了、身體上也有三十二種大丈夫的好相。【三十二相、一足安平相、二千輻輪相、三手指纖長相、四手足柔輭相、五手足縵網相、六足根滿足相、七足趺高相．八腨如鹿王相．九手過膝相．十馬陰藏相．十一身縱廣相．十二毛孔生青色相．十三身毛上靡相．十四身金色相．十五常光一丈相．十六皮膚細滑相．十七七處平滿相．十八兩腋滿相．十九身如獅子相．二十身端直相．二十一肩圓滿相．二十二四十齒相．二十三齒白齊密相．二十四四牙白淨相．二十五頰車如獅子相．二十六咽中津液得上味相．二十七廣長舌相．二十八梵音深遠相．二十九眼色如紺青相．三十眼睫如牛王相．三十一眉間白毫相．三十二頂成肉髻相．這三十二種相．如果都把他解釋清楚．實在太煩了．並且同了這一段經文也沒有什麼關係．所以只把三十二種名目提出來．只要大家曉得三十二大丈夫相．是那些什麼相就是了。○大丈夫、是方正勇健的人．修行正道．勇猛不退的人。】這個讀誦普賢菩薩大願的人．也就完全有了三十二種大丈夫相．不就同了普賢菩薩一樣了麼。大家倘然羨慕普賢菩薩．要想像普賢菩薩一樣的特別好相．就應該趕快的修學普賢菩薩的十大願．不要錯過了．懊悔來不及的。

若生人天所在之處．常居勝族。

【解】勝族、是貴族．就是俗人所說的大戶人家。

【釋】若是這個修學普賢菩薩十大願的人．這一世上沒有受到像上邊所說的那種好果報．他到了下一世．不論生在人道．或是生在天道．他終是生到貴族人家去的．不會落到下賤人家去的。

悉能破壞一切惡趣．悉能遠離一切惡友．悉能制伏一切外道．

【解】制伏、是止住壓住的意思。外道、是不合佛法的教．不合眞理的法．在佛法外立出什麼法來．或是立出什麼教來．都叫外道。

【釋】這個修學普賢菩薩大願的人．不但是永遠不會墮落到惡道裏頭去．並且還能夠破壞所有一切的惡道．能夠遠離一切的惡友．能夠制伏一切的外道．不放他們妨害修正道的人。

悉能解脫一切煩惱．如師子王摧伏羣獸．堪受一切衆生供養。

【解】師子、就是獅子．是獸類裏頭最大最兇猛的所以稱他王。摧伏、是用威勢來壓伏的意思。堪字是可以的意思。

【釋】修學普賢菩薩十大願的人．能夠破除一切煩惱．得到自由自在．像獅子能夠用威勢來壓伏各種獸類一樣．這種修法的人．不但是能夠破除煩惱．還可以享受一切衆生的供養哩。

又復是人臨命終時．最後刹那．一切諸根悉皆散壞．一切親屬悉皆捨離．一切威勢悉皆退失。輔相大臣．宮城內外．象馬車乘．珍寶伏藏．如是一切無復相隨。唯此願王不相捨離．於一切時．引導其前。一刹那中．卽得往生極樂世界。

【解】諸根是眼、耳、鼻、舌、身、意、六根．在佛法裏頭講起來．這六根、是一個人同外面境界接觸的機關．有了這六根．纔成了一個人．所以稱這六種東西．是成人的根本。輔字、是幫助的意思．輔相．就是幫助國王管理全國一切事情的宰相。大臣、是國王手下高級的官。極樂世界、就是西方極樂世界．【因爲那個世界．只有種種樂趣．沒有苦惱的．所以叫極樂世界。】也叫淨土。【因爲那個地方．完全是清淨的．沒有一些些汚穢的．所以叫淨土。】阿彌陀佛在那裏做教主。【極樂世界的好處．斷斷乎不是在這本普賢行願品白話解釋裏頭．所以能夠講得完的．若是要曉得詳細些．可以請一本阿彌陀經白話解釋來看看．就可以大概曉得一些了。】

【釋】這個讀誦普賢菩薩十大願的人．到了他壽命快要完了的時候．最後的一剎那．所有眼、耳、鼻、舌、身、意、一切的根．完全散的散了．壞的壞了。【譬如眼睛光散了．就看不見了．耳朵聾了．就聽不見了。】一切的親戚本家．完全丟棄了．離開了。那怕做國王的．到了這個時候．一切的威勢．都完全退失了。平常跟隨他的、輔助他的宰相．同了種種很大的官員．京城裏頭．王宮裏頭．凡是國王所有的象、馬、車乘。【古時國王出來．坐大的車．就用象來拖的．所以國王不但是養馬．還要養象哩。車、是小的車。乘、是大的車。】很值錢很奇異的珍寶．寶庫裏頭、有秘密藏放的金銀．像這樣一切的一切．到了臨死的時候．就沒有一個人．一件東西．還跟住他一同去的。只有這個大願王．永遠不拋棄．永遠不離開的．不論在什麼時候．什麼地方．終是在這個讀誦十大願的人的前面．引導了這個人．在一刹那極短的時間裏頭．就能夠往生到極樂世界去了。看這本白話解釋的各位男女居士們．看了上邊所說的種種．我想起來．一定大家都很羨慕的了．那末奉勸各位．趕緊讀誦修學．勿再拖延耽誤了。

到已．即見阿彌陀佛。文殊師利菩薩．普賢菩薩．觀自在菩薩．彌勒菩薩等。此諸菩薩．色相端嚴．功德具足．所共圍繞。其人自見生蓮華中．蒙佛授記。

【解】到已、是已經到了極樂世界。端嚴、是端正莊嚴的意思。授字、是給他的意思。記、是記名．就是為他題一個名號。凡是菩薩還沒有成佛時．先受佛的記名．吩咐他將來成了佛．叫什麼名號．把名號記好．等到將來成了佛．就稱這個已經記的名號。

【釋】這個往生極樂世界的人．到了極樂世界後．就能夠見到阿彌陀佛．同了文殊師利菩薩．普賢菩薩．觀自在菩薩．【就是觀世音菩薩。在心經裏頭．稱觀自在菩薩的．請一本心經白話解釋看看．就明白了。】彌勒菩薩等．【彌勒菩薩、將來接續釋迦牟尼佛．做我們娑婆世界的教主的。】各位大菩薩。【往生到極樂世界去的人．品位有九等的分別．品位最高的．可以就見到佛．品位最低的．要經過十二大劫．蓮華纔能夠開放．這個往生的人．纔能夠見到佛．不是個個往生的人．都一到極樂世界．就見到佛的．這裏說的卽見．那是到了極樂世界．就見到佛的．修學十大願王的人．品位一定是很高的．所以一到極樂世界．就能夠見到阿彌陀佛。】加一個等字．是不獨是上邊所說的各位大菩薩．還有許多菩薩．都包括在一個等字裏頭了。這各位大菩薩的顏色相貌．都是很端正莊嚴的．功德也都是完全圓滿的．大家都圍繞住了阿彌陀佛。這個往生的人．自己看見自己．

就在蓮華裏頭生出來、承蒙阿彌陀佛的大恩大德、親自爲他授記、將來成什麼佛、或是成什麼菩薩。

得授記已、經於無數百千萬億那由他劫、普於十方不可說不可說世界、以智慧力、隨衆生心而爲利益。

【解】億字有十萬、百萬、千萬、萬萬、四種的說法、照阿彌陀經白話解釋裏頭、從是西方過十萬億佛土的億字、是照一千萬算的、所以這裏的億字、也算他是一千萬。

【釋】這個往生的人、得到了佛的授記後、經過了無數百千萬億那由他的時劫、普徧的到十方不可說不可說那麼多的世界去、用他智慧的力量、依順了衆生的心念、衆生喜歡得到怎樣的利益、佛就給衆生怎樣的利益。

不久當坐菩提道場、降伏魔軍、成等正覺、轉妙法輪、能令佛剎極微塵數世界衆生、發菩提心。隨其根性、教化成熟、乃至盡於未來劫海、

廣能利益一切衆生。

【解】菩提道場、是佛成道的地方。根性的根字、就是善根惡根的根。性字、是人的性質性情。劫字下加一個海字、是時劫多到不可以用數目來計算了、祇好拿海來比喻了。

【釋】這一位得授記的人、像上邊所說的經過了長久又長久的時劫、周徧到廣大又廣大的世界、一心做利益衆生的事情、他所積的功德、當然大到不可以計算了、所以沒有多少長久的時候、就可以坐到菩提道場裏頭去、降伏一切的魔軍、就成佛了。成了佛以後、就要轉妙法輪、演講佛法、使得佛刹極微塵數世界上的衆生、大家也都發菩提心、各各隨他們善根的深淺厚薄、性質的溫暴智愚、【性、是性情。質、是質地。能夠發菩提心的人、一定是溫和有智慧的、決不會有惡性的、不過深厚溫智、也各有高下的分別的。】教化他們、使得他們都修學成功。像這樣的教化衆生、一直要教化到未來的時劫完盡、大家都曉得未來的時劫、那裏會完盡呢、這是表示沒有休止的意思。像這樣長久到沒有窮盡的時劫．普徧的使得一切衆生．不漏去一個．都得到利益。

善男子．彼諸衆生．若聞若信此大願王．受持讀誦．廣爲人說。所有功德．除佛世尊．餘無知者。

【解】受持的受字、是領受的意思。持字、本來是捏住的意思．這裏是當做記住不放的解釋。

【釋】普賢菩薩又向法會裏頭的聽衆．叫一聲善男子．道上邊所說佛刹極微塵數的衆生．若是聽到了、或是相信了、這十種大願王．就領受了、記住了．或是看了書讀、或是不看書默念．到各處去向人傳說。這樣的大功德．沒有什麼可以拿來譬喻．只有佛能夠知道．除了佛．就沒有人能夠知道了。

是故汝等聞此願王．莫生疑念．應當諦受。受已能讀．讀已能誦．誦已能持．乃至書寫．廣爲人說。

【解】諦字、是眞實不虛假的意思。

【釋】普賢菩薩又向法會裏頭的聽衆說道．我上邊所說這十大願的功德．你們聽到了．千萬不可以有一些些疑惑的心念．千萬不可以疑惑不會有這樣大的功德．因爲有了一些疑惑．就不會切實的信了．不信了．就一定不肯讀誦受持了。你們都應該要眞實的領受我所講的十大願。並且領受了就能夠讀．能夠讀了．就能夠誦【這個誦字、應該要當做能夠背的解釋。】能夠誦了．就能夠記住不忘．照了普賢菩薩所說的種種修法．而且還能夠寫出來．到各處地方去．說給大衆聽。

是諸人等．於一念中．所有行願．皆得成就。所獲福聚．無量無邊。能於煩惱大苦海中．拔濟衆生．令其出離．皆得往生阿彌陀佛極樂世界。

【解】福聚、是積聚起來的福。獲字、本來是捉的意思．這裏是得到的意思。

【釋】所說的這些人．是包括前邊聽聞讀誦受持書寫廣爲人說的人．同了相信這個大願王的人、受持、讀誦、書寫、到各處地方去、普徧演講的許多許多人。這些人、只在一轉念的時間、就能夠把前邊十大願所講的種種行願、完全圓滿成就。所積聚的福德、有無量無邊的多。能夠在煩惱大苦海裏頭、【衆生所以受到種種的苦、都是從煩惱上生出來的、所以叫煩惱大苦海。拿大海來比煩惱、這個煩惱的多、還可以說麼。】把受苦的衆生、一個一個都提拔他們出來、救濟他們、使得他們遠遠的離開這個大苦海、都能夠往生到阿彌陀佛的極樂世界去。

爾時普賢菩薩摩訶薩、欲重宣此義、普觀十方而說偈言。

【解】重字、要在左邊下角加一圈、讀做從字音、是重複的意思。宣字、是傳佈開來的意思。

【釋】爾時兩個字、是指普賢大菩薩、把十大願的種種修法、詳詳細細講圓滿了的時候。菩薩的心、實在太悲切了、還恐怕一切聽衆裏頭、或是聽了前邊的長文、【長文、是句子有長有短的．像前邊已經講過的許多經文。】還有不明白的．所以把前邊長文裏頭所講的意義．用說偈頌的方法。【頌字、是稱讚稱頌的意思．頌有八種．第一種、叫孤起。是開頭就說偈頌．沒有長文的。第二種、叫重頌。是因爲聽衆到法會遲了．沒有聽到已經說的法．所以用偈頌來補說．使得後到的聽衆．也仍舊可以聽到。第三種、叫複頌。是先講的話、或者講得深了些．有些聽衆不能夠明白．所以再說一遍．稍稍淺一些的．使得聽的人．都能夠懂得。第四種、叫廣頌。是長文裏頭所講的．或是簡畧了些．不很詳細．所以再說偈頌．把長文裏頭已經說的意義．說得更加詳細透澈些。第五種、叫畧頌。是長文裏頭已經講得很明白的．所以偈裏頭．不過大畧說說了。第六種、叫結頌。是把長文來做一個結束．使得讀誦的人．容易記住。第七種、叫超頌。是偈頌在長文前邊先說的．所以叫超頌。第八種、叫追頌。是長文在前．偈頌在後．這是最普通用慣的。】普賢菩薩在沒有說偈的前．先用法眼、普遍的觀察在法會裏頭十方世界的各類衆生【眼有五種．凡夫的眼、叫肉眼。天人的眼、叫天眼。緣覺聲聞的眼、叫慧眼。菩薩的眼、叫法眼。佛的眼、叫佛眼。佛五眼都有的菩薩有法眼以下的四眼．緣覺聲聞有慧眼以下的三眼．天人有天眼肉眼．凡夫只有肉眼。】喜歡聽菩薩說偈頌．或是不喜歡聽．還要曉得聽衆的心理．喜歡聽什麼法的偈頌．所以在沒有說的前先向各方觀察一下．纔可以依順衆生的心願．說衆生所喜歡聽的法。〇長文說到這裏已經圓滿了．下邊就是說偈頌了。

所有十方世界中．三世一切人師子．我以淸淨身語意．一切徧禮盡無餘．普賢行願威神力．普現一切如來前．一身復現剎塵身．一一徧禮剎塵佛。

【解】人師子、是說人道裏頭的師子王。【獅子、是百獸的王．佛是九法界的王．所以佛經裏頭常常拿獅子來比佛的。】剎塵身、剎塵佛、是把一個佛剎化成像微細的灰塵那樣細小這個塵的多．那還了得麼．現在自己的化身同了佛．都有這樣的多。

【釋】從這裏所有十方世界中一句起．一直到迴向衆生及佛道．總共四十八句．分做八段都是偈。這個開頭的八句偈是頌讚十大願裏頭的第一個大願、禮敬諸佛的。照十方世界說起來世界外面還有世界本來已經是無窮無盡的了況且每一個世界就有無數的微塵每一個微塵裏頭又各有無窮無盡廣大無邊的世界像這樣一重一重的世界怎麼算得出數目來呢。第一第二兩句、用所有兩個字把十方一重一重世界裏頭所有的佛完全包括盡了。講到三世又是過去的前還有過去永遠推算不到開頭的未來的後還有未來也永遠推算不到結底的像這樣的三世裏頭所包括的時劫實在是無窮無盡的這樣無窮無盡的三世時劫完全都在我們眼面前的一念裏頭一念裏頭可以收盡三世的時劫念念裏頭又各各都可以收盡三世所有的一切時劫那末這三世的時劫也是重重無盡的。這樣重重無盡的世界上重重無盡的時劫裏所有出現的佛還有數目可以計算麼用一切兩個字也是完全包括的意思。第三第四兩句說我用清淨的身業、口業、意業三種向那無量無邊的一切諸佛完全禮拜到沒有遺漏一尊佛。有人問禮拜諸佛只是一種身業怎麼講到口業意業呢要曉得修普賢行願的人不論在什麼地方、不論做什麼事情、都是三業淸淨的。就像在禮佛的時候、不但是身體端正、心意裏頭、也一定是至誠恭敬的、沒有別種妄念的、那就是意業淸淨了、口裏頭除了稱念佛的名號、或是讚歎佛的功德、一定不會有旁的閒話的、那就是口業淸淨了、所以叫三業淸淨。後邊四句的意思、是說這都是依靠了修普賢行願的大威神力、纔能夠把自己的一個身體、化現出無量無邊的化身來、在所有十方三世一切佛的面前、都有自己現出來的化身、並且所現出來的化身、又一個一個的各各化出像把不可說不可說的世界、化成極細的細粉那麼多的化身來、每一個化身、又各各向那不可說不可說的世界極微塵數的一切諸佛、都周偏禮拜到、像這種大行大願的威神力、眞是不可思議的了。修這樣禮佛法門的人、在禮拜的時候、心裏頭應該想我們這個法會、是自己的心性造成的、心性的量、廣大到無量無邊的、所有十方三世的一切法、完全都收在現前一念的心性裏頭的、心性有大智慧的光明、能夠周偏照到一切的法界、所以面前這個法會、可以比做天宮裏頭、寶珠網上的摩尼珠一樣、光光相照、【光光相照、是這顆珠的光照那顆珠的光．那顆珠的光．照這顆珠的光。】重重無盡的．所有十方三世的一切諸佛．沒有一尊佛不在這法會裏頭現出相來．我的一個身體．也因爲光照了的緣故．現出了無窮無盡的身相來．只要我的本身在這裏禮拜．那些現出來的身相．也各各都在向那無窮無盡的諸佛禮拜．能夠像這樣的修學禮拜．纔可以算是普賢行願的禮敬諸佛了。【偈、同了長文的意義．大半都是差不多的．解釋的話．當然也是差不多的．所以前邊長文已經解釋過的．在這裏偈裏頭．就簡單講講．不再詳細講了。像名詞等、如果前邊已經解釋過的．也就不講了．如果前邊長文裏頭．有漏講的地方．或是沒有詳細講明白的．那末就在這偈的〔釋〕裏頭補講．所以有些地方解釋得很詳細．有些地方解釋得很簡單．就是這個緣故。】

於一塵中塵數佛．各處菩薩衆會中．無盡法界塵亦然．深信諸佛皆充滿。各以一切音聲海．普出無盡妙言辭．盡於未來一切劫．讚佛甚

深功德海。

【解】處字、是居住的意思。音聲同了功德的下邊、都加一個海字．是形容又多又大的意思。

【釋】這八句偈、是讚頌第二大願稱讚如來的。第一句、是說在一粒極細小的微塵裏頭有像把一切世界、完全化成微塵那樣多的佛要曉得一粒微塵裏頭．有這樣多的佛．並不是把微塵的相放大．也不是把諸佛的相縮小．微塵還是極細小的．諸佛還是極高大的．這種道理、是很深妙的。因爲一切法的相．沒有不是從自己的眞心裏頭、變現出來的．無論那種相、都是自己全分的心量．【分字、要右邊上角加一圈．讀做份字音．也就是份字的意思。】這種全分的心量．經論裏稱做法界．所以說法法都是法界．也就是說法法都是全分的心量。這法界是包含所有一切法的．十方世界的體量．同了一粒微塵的體量．同是全分的心量．同是法界．實在是一樣的。所以這個相見得大．那個相見得小．都是衆生分別執著的顚倒見解．【執字、本來是捏住的意思．執著、是固執不圓融的意思。顚倒見解、是不正的見解．是顚顚倒倒的妄想。】完全是虛妄的．同了眞實的道理。不相應的。【相應、是譬如東邊敲一下鐘．西邊有鐘的應聲．叫相應．如果東邊敲了鐘．西邊沒有鐘的應聲．就叫不相應。】譬如一面鏡子．掛在沒有障礙遮隔的地方．凡有這面鏡子所照得到的景象．或是東西．不論比鏡子大多少倍．完全都可以收在鏡子裏頭的．若是講起相來．那末鏡子是很小的．怎麼能够把比鏡子大的東西．收到比東西小的鏡子裏頭去呢．照這種譬喻看起來．就見得小的相．收容大的相．眞有這種事情的。第二句．是說像微塵數那樣多的佛．各各住在一切菩薩的法會裏頭．所有無窮無盡的法界．都化成微塵數的世界．也都是像微塵數那樣多的佛．住滿在各處法會裏頭．這是可以深信切信的。這樣許多許多的佛．各各發出像海水那樣多的音聲來．在這種聲音裏頭。又各各說出無量無邊絕妙的話來．稱讚諸佛．並且不是一日一月．十年百年．也不是一劫兩劫．百千萬億劫．可以讚歎盡的．一直要接連不斷的．讚歎到所有未來的一切時劫．完全過去。試問未來的時劫是永遠沒有窮盡的．那末讚佛也就永遠沒有窮盡了。佛的功德極深極大．沒有數目可以計算．所以也用一個海字來譬喩。

以諸最勝妙華鬘．伎樂塗香及傘蓋．如是最勝莊嚴具．我以供養諸如來。最勝衣服最勝香．末香燒香與燈燭．一一皆如妙高聚．我悉供養諸如來。我以廣大勝解心．深信一切三世佛．悉以普賢行願力．普徧供養諸如來。

【解】最勝、是最好的意思。伎樂、是吹的、彈的、敲的、各種樂器。勝解的勝字、是因爲懂得不容易懂的道理．所以說是勝。解字、要在右邊上角加一圈．讀做懈字音．是懂得明白的意思。

【釋】這一段、是頌第三大願廣修供養的。前八句、是財供養。後四句、是法供養。第一句、是說拿許多最好的華．結成一種裝飾用的鬘．還有各種音樂、塗香、傘蓋．像這樣種種最好的莊嚴物品我都拿來供養諸佛。最好的種種衣服．最好的種種香．像末香、燒香等、一切香同了燈燭．各種供養的物品．堆積起來．樣樣都是多到像須彌山那樣的高．那樣的大．我完全拿來供養諸佛。我用我很明白種種道理的心．深切相信所有一切的世界都可以化成無量無邊的微塵．一粒一粒的微塵裏頭．都可以各各收盡無量無邊的世界．這樣重重無盡的世界相．完全在自己現前一念的心裏頭．所以說是廣大。這種極深極深的道理．能够解悟．所以說是勝解。一切三世佛．就是這重重無盡的微塵世界裏頭．所有過去未來現在的一切諸佛．我都用普賢行願的威神力．用心觀想．覺得所有的一切諸佛．都在我自己的眼面前．我就普賢的供養．能够修學像這樣的普賢行願．纔可以叫做眞供養如來了。

我昔所造諸惡業．皆由無始貪瞋癡．從身語意之所生．一切我今皆懺悔。

【解】由字、同了從字一樣的意思。

【釋】這四句偈、是頌第四大願懺悔業障的。一個人自從有這個身體到現在、一世一世、有修善業的時代、也有造惡業的時代、在六道輪迴裏頭、轉來轉去、眞有不可說不可說的次數了。並且凡夫不明白因果報應的道理、大概總是惡業多、善業少、一世一世所積的惡業、結算起來、還能够算得淸楚麼。要曉得一個人的造種種惡業、究竟怎麼樣造出來的呢、那就不論怎樣的人、沒有不是從貪得的心、發火的心、愚癡不明白道理的心上發生出來的。這三種、都是造惡業的根、有了這三種根、從身口意三種上造出惡業來了、這三種造業的根、又要算這個意是根裏頭的根了。因爲生惡業的根、就是意、有了惡的意、纔會從身體上、口裏頭、造出種種的惡業來了。這貪瞋癡三種惡根、是從一個人有了身體就有的、所以說是無始。【始字、是起初開頭的時候。無始、是不知道從什麼時候起頭的、所以只能够說無始。】既然從無始起、就有貪瞋癡三種惡根、那末從根上發出來的惡業、也當然自從無始就有的了。這種惡業、若是有體質、或是有形相的、那眞可以說比須彌山還要高大哩．到了受苦報應的時候．還受得淸楚麼．眞又可以說無終的了。【因爲永遠受不完．所以叫無終。】所以我從無始到現在．所造的一切惡業．我從現在起．依靠了普賢菩薩的威神力．誠心誠意．完全痛切的懺悔淨盡．不讓一些些的惡業．還存留在我的身上。

十方一切諸衆生．二乘有學及無學．一切如來與菩薩．所有功德皆隨喜。

【解】二乘、是緣覺同了聲聞。

【釋】這一段是頌第五大願隨喜功德的。第一句、是說六道的衆生。第二句、是說小乘的聖人賢人。凡是緣覺沒有證到辟支佛．聲聞沒有證到四果阿羅漢的．都還沒有斷盡思惑．【見思惑是見惑、同了思惑兩種．這兩種迷惑．都是很有力量的。見惑、就是身見、邊見、戒取見、見取、邪見、五種利使。思惑、就是貪心、瞋心、癡心、慢心、疑心、五種鈍使。聲聞證到了初果須陀洹、見惑就斷盡了。思惑裏頭的五鈍使、來得細．迷惑得深．所以要證到了初果．方纔能夠慢慢的斷．等到斷盡了．就證到了四果阿羅漢了。這見思惑．如果要詳細講．是很煩的．並且同了這一段經文．沒有大關係．所以只大畧講講．如果要詳細曉得．在朝暮課誦時的佛法大意裏頭．講得很明白的。】還是要用修學功夫的．所以叫有學。並且還只能夠稱賢人．不能夠稱聖人哩。緣覺已經證到了辟支佛．聲聞已經證到四果阿羅漢的．那是見思惑完全斷盡了．都已經到聖人的地位了．就可以稱聖人了．並且不要再用修學的功夫了．所以叫無學。第三句、是說十方一切的佛同了菩薩。第一句的十方兩個字．是包括第一第二第三三句．所說的二乘同了諸佛菩薩．都在裏頭的。並且雖然只說十方．一定三世也包括在裏頭的．決不是只有十方沒有三世的．普賢菩薩的十大願．願願都是盡界量的。【界量、就是法界的量．法界是無量無邊、沒有限制的．那裏有量呢．所說的盡界量．實在就是沒有量可以盡的意思．所以普賢菩薩的大願．是十方重重無盡的世界．三世重重無盡的時劫．都完全包括盡的。】所以不能夠單單說在一世上的一切諸衆生．應該說過去現在未來三世．所有在六道輪迴裏頭的一切諸衆生．所有十方三世一切的衆生．有學無學的二乘．一切諸佛菩薩．各有各的功德。雖然菩薩所修的功德．不及佛所修的功德大．二乘所修的功德．不及菩薩所修的功德大．衆生所修的功德．不及二乘所修的功德大．那怕衆生所修的．是極小極小的人天福報功德．我也沒有不向他們深心切意的隨喜的。

十方所有世間燈．最初成就菩提者．我今一切皆勸請．轉於無上妙法輪。

【解】世間燈．是譬喻佛的。因爲燈照了黑暗的地方．黑暗就會變成明亮．這是譬喻佛把佛法來教化衆生．可以照破衆生心裏頭的種種黑暗．【心裏頭的種種黑暗．就是種種迷惑煩惱．不明白正當的道理．一切違背佛法的事情．都包括在裏頭的。】變成明白覺悟．所以稱世間燈。

【釋】這一段、是讚頌第六大願請轉法輪的第一句、十方所有四個字、是把十方世界的佛、都包括在裏頭的。第二句、是說現在剛剛修成的佛。第三第四兩句、是說我向十方世界早先已經修成的佛、同了最近修成的佛、都懇切的勸、至誠的請、求一切諸佛到各處去說無上高妙的佛法。有人問、爲什麼不普徧勸請三世諸佛、一同轉法輪。【轉法輪、就是說無上高妙的佛法。】單單只勸現在剛剛修成的佛呢。要曉得十方重重無盡的微塵世界裏頭、一念一念、都有不可說不可說的世界微塵數的佛、出現在世界上。倘然不是像普賢菩薩那樣的用廣大勝解心去請、怎麼能够一切佛都勸請到、沒有漏去呢。早先成道的佛、普賢菩薩大概都已經勸請過的了。所以現在又勸請剛纔成道的佛。並且剛纔成道的佛、尚且都勸請、那末從前成道的佛、更加一定都勸請的了、不必說得了。

諸佛若欲示涅槃、我悉至誠而勸請、惟願久住刹塵劫、利樂一切諸衆生。

【解】涅槃兩個字的解釋、多得很的、有的說就是不生不滅、有的說就是滅度、【滅、是說滅見思、無明、塵沙三種惑。度、是說度分段變易兩種生死。○三種惑兩種生死、在佛法大意裏頭、都有詳細解釋的。因爲同了這一句偈、沒有什麼大關係、所以不解釋了。】有的說就是圓寂。【這是依照了六祖壇經裏頭、六祖所說的圓明常寂照的意思、這一句、圓明常寂照、是說心性本來是圓滿光明、眞常不變的、雖然是寂然不動、却能夠徧照一切法界、雖然是能夠徧照一切法界、却仍舊還是寂靜不動的、這是無上的涅槃相、凡夫不懂得這種道理、就說是死了。○眞字、是眞實的意思、常字、是常住的意思、就是常常是這個樣子的。】

【釋】這一段、是頌第七大願請佛住世的。這裏的諸佛兩個字、是把十方三世一切的佛、都包括在裏頭的。佛成道後、就證到了兩種大果、一種叫無上大菩提、一種叫無上大涅槃。【證到、就是修滿了這種功夫、修到了這種地位的意思。菩提涅槃上邊、都加無上大三個字、是稱讚菩提同了涅槃的功德、又大又高的意思。】證到了這種大果、纔能夠隨自己的意思、要現生相、就現生相、要現滅相、就現滅相、講到實在、那是生也沒有生、滅也沒有滅、總是圓明寂照的妙用。第一句、是說十方三世一切諸佛、到了化度眾生的機緣盡了的時候、就要示現這種涅槃的相了。雖然曉得一切的佛、都是常常住在眾生的世界上、沒有一尊佛入涅槃的、但是一現了這種涅槃的相、就有一部份的眾生看不見佛、聽不到佛說法了。像我們的本師釋迦牟尼佛、明明的現在還是在七寶莊嚴的靈鷲山、同了諸大菩薩、說種種深妙的佛法【這是根據佛說的妙法蓮華經上的話。各位居士、萬萬不可以疑惑的、我那裏敢隨便亂說、招受大罪業呢。】但是到印度去朝禮靈山的男女居士們、只看見一座荒山、那裏還能夠看見佛的形相、聽到佛說法的聲音呢。所以佛示現涅槃、總是眾生福薄業重的苦、普賢菩薩大慈大悲、哀憐十方世界的苦惱眾生、所以至誠懇切的到十方世界去、周徧勸請一切諸佛、不要示現涅槃的相。第三句、是表顯明白請願的意思、求佛長久住在世界上、要同了十方一切世界微塵數那樣長久的時劫。爲什麼要請佛住在世界上這樣的長久呢、這都是因爲要求佛永遠不停歇的說法、使得所有的一切衆生、都聽到了佛法、下了成佛的種子、一天一天的修學上去、那種子就可以像一株樹那樣的、一天一天大起來、就可以結成大果、了脫生死、成就佛道的大利益。

所有禮讚供養佛、請佛住世轉法輪、隨喜懺悔諸善根、迴向衆生及佛道。

【解】善根、就是指十大願、因爲十大願、都是成佛的根、所以就叫做善根。

【釋】這一段、是把第一大願至第七大願、合併起來、總頌一遍。又把善根兩個字來收束七種大願、一齊歸到回向上去。還有一種說法、是把這一段偈、分做明頌暗頌兩種。明頌、是頌第十大願普皆回向、暗頌、是把第八大願常隨佛學、第九大願恆順衆生、都包括在第十大願普皆迴向裏頭了。開頭的所有兩個字、同了第三句末後諸善根三個字、是把上邊的七個大願、都包括在裏頭的。第一句的禮、就是第一大願禮敬諸佛、讚、是第二大願稱讚如來。供養佛就是第三大願廣修供養。第二句、就是第七大願請佛住世．同了第六大願請轉法輪。第三句隨喜、就是第五大願隨喜功德。懺悔、就是第四大願懺悔業障。十種大願．雖然只說了七種．但是每一種大願裏頭．都還包括着別的種種善根的．所以說諸善根。現在把這種種的善根．一齊拿來迴向一切衆生．使得一切衆生大家都種下善根．並且還把種種的善根．一齊拿來迴向無上佛道．願意一切衆生早日成佛。【從偈的第一句、所有十方世界中起．一直到這一段迴向衆生及佛道．總共四十八句．在朝暮課誦白話解釋裏頭．也有詳細解釋的．可以請一本來．一同看看。】

我隨一切如來學．修習普賢圓滿行．供養過去諸如來．及與現在十方佛。未來一切天人師．一切意樂皆圓滿．我願普隨三世學．速得成就大菩提。

【解】習字、同了學字一樣的意思。天人師、就是佛。因爲佛是天道同了人道的大導師．

【導字、是指導的意思。】所以稱天人師。意樂兩個字併起來．【意樂的意字、是意思同了心念。樂字、要在右邊下方加一圈．讀做洛字音】。是意思同了心念裏頭都很快樂．不但是身體上快樂的意思。

【釋】這一段、是頌第八大願常隨佛學的。所說跟隨佛學．並不是跟隨一尊二尊佛．是所有十方一切的佛．我都跟隨了學的．我願意跟隨了學習普賢菩薩種種圓滿的行願．還要供養已經過去世的十方許多佛．同了現在世的十方許多佛．未來世的十方許多佛．凡是出現到世界上來的佛．我都要誠心供養的。佛本來是爲了要教化天道、人道等、各道的衆生．纔修成佛的．所以稱天人師。衆生都能夠發願．常常跟隨了佛．修學普賢菩薩的行願。還要發願供養十方三世的一切佛．他們的意思裏頭．都非常的快樂．並且這種快樂．是快樂到不可以拿說話來形容的．所以叫圓滿。我願意普徧跟隨了過去現在未來三世的一切佛．學習修行佛道．很快的能夠成佛。【成就大菩提．就是成佛。】

所有十方一切剎．廣大清淨妙莊嚴．衆會圍繞諸如來．悉在菩提樹王下。十方所有諸衆生．願離憂患常安樂．獲得甚深正法利．滅除煩惱盡無餘。

【解】獲得兩字、是得着的意思。正法利、是正法的利益．【正法、就是佛法。】不是邪法的利益。無餘、是說煩惱完全淨盡．沒有一些些的餘存。

【釋】這一段、是頌第八大願恆順衆生的。所有十方的一切佛剎．又廣大、又淸淨、又莊嚴．莊嚴上邊加一個妙字．就是莊嚴裏頭．還帶有奇異巧妙的意思。在許多很大的菩提樹王下面．有諸佛在那裏用修佛道的功夫．諸佛的四周圍．還有許多法會圍繞著。十方所有的一切衆生．都願意修普賢菩薩．離開種種憂愁患難．常常得到安逸快樂的行願。還要得到又深又正的一切佛法的利益。種種煩惱．滅除淨盡．安住在沒有餘存一些煩惱的境界裏頭。

我爲菩提修行時．一切趣中成宿命．常得出家修淨戒．無垢無破無穿漏。天龍夜叉鳩槃荼．乃至人與非人等．所有一切衆生語．悉以諸音而說法。

【解】宿命的宿字、本來是老舊同了已經過去的意思。宿命、是六通裏頭的一種通．【六通、在阿彌陀經白話解釋裏頭．其土衆生常以淸旦一節底下．有詳細解釋的。】不論是自己的．或是旁人的事情．不論是這一世的前一世．前十世．前十百千萬世前的事情．都會曉得．就叫宿命通。

【釋】有一部佛經．叫十地經。裏頭也說到十大願的．一供養．二受持．三轉法輪．四修行．二利．五成熟衆生．六承事．七淨土．八不離．九利益．十成正覺。從這一段偈起．一直到下邊第十段偈．都像頌讚十地經裏頭的十大願的。這個第一段偈．同了十大願裏頭第二大願受持相合的。普賢菩薩說道．我爲了願意修行佛道．一世一世在六道裏頭轉的時候．

都能够記得隔世的事情．所以一經轉到了人道裏頭．常常出家修持清淨的戒法。無垢、就是無垢戒【守戒守得清淨得很一些沒有染汚。】無破、就是不破梵行戒．【梵行、是修行修得非常的清淨．一些不犯戒法．就叫不破。】無穿漏、就是不缺漏戒．【不缺漏、是守戒守得很周密．沒有一些些違犯戒法．像一件東西一些不缺少．一些不破漏。】修戒能够修到無垢、無破、無穿漏．那纔可以稱做淨戒了。天、人、夜叉、鳩槃茶、一直到人同了非人等．所有一切衆生的言語．都是各種音聲的．你聽不懂我的話．我聽不懂你的話．我在修行的時候．要用佛法來救度衆生．當然所講佛法的話．一定要使得大家都懂得．那就不能够不依照了衆生各別的音聲．講給大家聽．使得大家都可以聽得明白。

勤修清淨波羅蜜．恆不忘失菩提心．滅除障垢無有餘．一切妙行皆成就。於諸惑業及魔境．世間道中得解脫．猶如蓮華不著水．亦如日月不住空。

【解】波羅蜜、是梵語、翻譯中國文、波羅、是彼岸、就是那邊的世界。蜜、是到、就是從這邊苦惱的世界、到那邊快樂的世界去。也可以翻譯做度衆生的度字的、所以六波羅蜜、也可以說六度的。

【釋】這一段、同了十大願裏頭的第四大願修行二利相合的。【惑業同了魔境、是二害、現在修到了二害都得着解脫、就二害變成二利了。】第一句說到勤修、是常常不停歇的修、修到功夫深了、各種波羅蜜、【波羅蜜、還有十種的說法、一施波羅蜜、二戒波羅蜜、三忍波羅蜜、四精進波羅蜜、五靜慮波羅蜜、六般若波羅蜜、七方便善巧波羅蜜、八願波羅蜜、九力波羅蜜、十智波羅蜜。從第一施波羅蜜、至第六般若波羅蜜、就是六波羅蜜。從第七方便善巧波羅蜜、至第十智波羅蜜、因爲解釋起來太煩了、並且同了這一段偈、沒有多大關係、所以不再解釋了。○六度、在朝暮課誦卷首佛法大意裏頭、有詳細註解的。】自然很精進了、不會夾雜別的亂念頭了、所以叫清淨波羅蜜。修波羅蜜、是修脫離有生死的世界、到涅槃的世界去、所以一邊修、一邊還要常常記牢發修成佛道的願心、不可以有一刹那的時間忘掉的。凡有可以障礙我修行心的妄想。或是可以染汚我清淨心的事情。都完全要滅除淨盡。不可以放他留存一些。那末一切神妙的修行功夫。修行功德。都可以成功了。如果修行的時候。忘掉了發這個修成佛道的願心。那末隨便你修什麼功夫。都要變成種種迷惑。同了魔鬼的境界了。那末要滅除障礙垢汚。用什麼方法可以滅除淸淨呢。這就要對什麼病。發什麼藥了。修波羅蜜的人。所以忘失菩提心。發生障礙垢汚。都爲了有種種不正的見解。遮蔽了他的淸淨心的緣故。【蔽字、也是遮蓋的意思。】所說不正的見解。大畧說起來。叫六蔽。因爲不正的見解。把修行人本來的淸淨心遮蔽覆蓋住了。所以叫六蔽。這六種蔽。第一是慳貪。【慳是氣量小。貪是貪得貪多的意思。】有了慳貪的心。就可以遮蔽第一波羅蜜布施。使得這個布施的事情。不肯做了。第二是破戒。有了破戒的心。就可以遮蔽第二波羅蜜持戒。使得這個戒守不住了。第三是瞋恚。【瞋恚兩個字、都是發火的意思。】有了發火的心。就可以遮蔽第三波羅蜜忍辱。【忍字、是忍耐的意思。辱字、是蹧蹋的意思。】忍辱。是凡有人向我說蹧蹋我的話。或是向我做蹧蹋我的事情。我都能夠忍耐。不同他計較。】使得這個忍耐的心。不生出來。第四是憐念。憐念是用私情用得太多了。用了私情。就不論碰到什麼事情。都要生退縮的心了。就可以遮蔽第四波羅蜜精進。使得不生勇猛向前的心了。第五是散亂。有了散亂的心。就可以遮蔽第五波羅蜜禪定。使得不能夠修習定功了。第六是愚癡。有了愚癡的妄念。就可以遮蔽第六波羅蜜智慧。使得不明白正法。不了解眞理了。所以修十大願的人。最要緊是心意清淨。那怕一剎那的短時間。也不可以忘失修佛道的正念。能夠像這一般偈的前四句所說的那樣修。那怕造了迷惑的業。或是發現了魔鬼境界。也都仍舊可以得到解脫。不受束縛的。末二句、是譬喻蓮華。雖然生在水裏頭。但是不著水的。日同了月。雖然看起來像是停住在空裏頭的。但是日月實在並不停住在空裏頭的。這種譬喻。都是說惑業魔境。雖然在人世間出現。但是人能夠修普賢行願。可以不染著他們的迷惑。在人世間得到解脫。不受束縛的。

悉除一切惡道苦等與一切羣生樂．如是經於刹塵刧．十方利益恆無盡。我常隨順諸衆生．盡於未來一切刧．恆修普賢廣大行．圓滿無上大菩提。

【解】等字、是一樣的意思。羣生、就是衆生。

【釋】這一段、同了十地經裏頭的第五大願成熟衆生相合的。成熟衆生．就是教化一切衆生．使得一切衆生．都能夠修成佛道。【成熟、就是成功．譬如樹上生的果子熟了．就算種成功了。】一切衆生所受的一切惡道的苦惱．完全要除滅．不但是除滅一切的苦惱．還要把一切的快樂．都施給衆生。並且除苦給樂．不是短時間的．也不是一處地方的事情．照時間的長久講．直要經過刹塵刧的時刧．照地方的廣大講．直要周徧到十方世界．所有給衆生的種種利益．是永遠沒有窮盡的。我常常依順了一切衆生的願心．一直到未來的一切時刧窮盡的時候【說到未來的時刧．那裏會有窮盡呢．這兩句的意思．

就是說時劫、永遠沒有窮盡。】常常不斷的修學、普賢菩薩那樣廣大的願、就能夠修到圓滿無上的佛道了。

所有與我同行者、於一切處同集會、身口意業皆同等、一切行願同修學。所有益我善知識、爲我顯示普賢行、常願與我同集會、於我常生歡喜心。

【解】同行者的行字、是動作的意思、也可以說就是修行的意思。同行是一同修行、加一個者字、就是一同修行的人。集字、是聚集攏來的意思。集會、就是大家聚集在一個會裏頭。

【釋】這一段、同了十地經裏頭的第八大願不離相合的。不離、就是不離開佛和菩薩。所有同了我一樣修十大願的人、不論在什麼世界、什麼地方、我常常同了他們聚集在一處法會裏頭。大家一同修學這十大願。大家在法會裏頭修學的時候、各人的身業、口業、意業、都是一樣的很至誠恭敬。沒有一些些差別的。所有普賢菩薩十種的行願。不論是修福報的。或是修智慧的。或是修成佛的。種種的修法。都完全修學。絕不會漏去一願不修的。所有教化我。使得我得到利益的善知識。把普賢菩薩種種的修行方法明明白白的教我。並且願意常常同了我。聚集在一處地方的法會裏頭。我就常常生出喜歡快樂的心來了。

願常面見諸如來。及諸佛子衆圍繞。於彼皆興廣大供。盡未來刧無疲厭。願持諸佛微妙法。光顯一切菩提行。究竟清淨普賢道。盡未來刧常修習。

【解】佛子有三種說法。一、衆生受過佛所說的戒。將來總有一天成佛的。二、凡是菩薩、都可以稱佛子。因爲菩薩能够繼續佛的種子。使得佛法不斷絕。三、一切衆生、都有佛性的。因爲有這三種緣故。所以都可以稱佛子。菩提兩個字、是覺悟的意思。加一個行字。

【行字、要在右角上邊加一圈．讀做恨字音。】是修成佛的意思。普賢道、就是普賢菩薩的十大願。

【釋】這一段、同了十地經裏頭的第一願供養相合的。是說修大願的人．願意常常見到諸佛．同了許多佛子．圍繞了諸佛．發供養大願心的人．都用很多很廣大的供養品．來供養諸佛．同了諸佛子。說到廣大的供養．有六種。第一、是心大。能夠供養諸佛的人、他所發供養諸佛的願心．是很大的．常常不間斷的供養．永遠沒有疲倦厭煩的心。第二、是供養的物品大。財供養、法供養、一切都很完備的。第三、是福田大。【福田是所修的一切福報．就是供養佛的功德．譬如下福報的種子．在田裏頭慢慢的會生長起來．種子下得多．譬如種的田大。】第四、是收攝普賢菩薩十大願的殊勝功德大。【收攝、是完全依了十大願的修法．修學成功了．像把十大願都收受去了一樣。殊勝兩個字的意思、是特別的大．不是尋常的大。】第五、是因大。就是第七句普賢菩薩所修的佛道．非常的清淨．所修的菩薩因清淨．所以結的菩提果．也非常的清淨。第六、是時大。常常不停歇的供養．一直供養到未來的時劫完盡未來的時劫、是沒有完盡的。說供養到時劫完盡。就是永遠供養。永遠沒有停止的時期。還是誠誠懇懇。一些沒有疲勞厭倦的態度。並且還願意常常修持諸佛種種的妙法。巴望一切菩薩。譬如都從光明裏頭。顯現出他們修道的功行來。歸根結底。普賢菩薩的十大願。都要常常修習。一直要修到未來劫窮盡。纔可以停止。試問未來劫有窮盡的時期麼。未來劫沒有窮盡的時期。那就修習也永遠沒有窮盡了。

我於一切諸有中。所修福智恆無盡。定慧方便及解脫。獲諸無盡功德藏。一塵中有塵數剎。一一剎有難思佛。一一佛處衆會中。我見恆演菩提行。

【解】諸有的有字。是有生死有因果報應的意思。有三有、四有、七有、九有、二十五有等各種。在佛經裏頭。說到有字。大概都是說九有的。所以把九有來講講。別的各種有。不常見到的。所以不講了。九有、是欲界、色界、無色界、三界裏頭的九種地。是世界衆生的依報。

【依報、是身體外所享用的種種．像衣食住一切東西．都是人所依靠了生活的．所以叫依報。】從阿鼻地獄起．一直到第六層的他化自在天．都是欲界．叫五趣雜居地。是天道、人道．畜生道、餓鬼道、地獄道、五道衆生．夾雜住在裏頭的．所以叫五趣雜居。色界的十八層天分做四種地。初禪的三天．叫離生喜樂地．因爲離開了欲界去受生．覺得心裏頭歡喜快樂得很．二禪的三天．叫定生喜樂地．因爲是從禪定裏頭生出來的．所以有一種特別的歡喜快樂．三禪的三天．叫離喜妙樂地．因爲離開了那種麤相的歡喜心．得到一種微妙的樂處．四禪的九天．叫捨念淸淨地．是說捨去三禪的快樂．心念裏頭淸淨了。無色界的四天．分做四種地。空無邊處天．就叫空無邊處地．識無邊處天．就叫識無邊處地．無所有處天．就叫無所有處地．非想非非想天．就叫非想非非想地。功德藏、是藏放功德的寶藏。【這個藏字、是譬喻的意思．不是眞的把功德藏放在什麼器具裏頭。】

【釋】這一段、同了十地經裏頭的第九願利益相合的．就是說我生在衆生所住的各種地中間．所修的福德智慧的事業．永遠沒有窮盡的時候。修到定力、慧力、種種方便、斷盡煩惱、能够自由解脫的時候、就可以得到藥樹王、同了如意珠、那樣的解脫身相了、【藥王樹、是一種最上等的藥樹、樹根生在地土裏頭、很深很深的、樹枝樹葉、四面散布開來、很茂盛的、根幹枝葉、都可以拿來醫治各種病症的、嗅到這種樹的一些香味、或是觸著到身體上、都是很有益處的、菩薩要救衆生的種種苦難、就在六道中間、現這種身相、用大悲心來薰身、救衆生苦難、所以叫藥樹王身。又像如意寶珠、能够隨意散落無窮無盡的苦難珍寶、要什麼、就有什麼、譬如菩薩用大慈心來薰身、給衆生種種的快樂、所以又叫如意藥王身。】像上邊所說的種種福報、因爲修了無窮無盡的功德、纔能够得到的。並且不論時期多麼的長久、所得到的利益、都能够周徧到各處地方、一微塵中間、有像微塵那樣多的佛刹、一個一個佛刹中間、又有心思想不到那麼多的佛、一尊一尊的佛、都住在各處的一切法會裏頭、我看見無窮無盡的佛、常常在演講成佛道的方法、使得一切衆生、都得到成佛的無上大利益。

普盡十方諸剎海．一一毛端三世海．佛海及與國土海。我徧修行經劫海。一切如來語清淨．一言具衆音聲海．隨諸衆生意樂音．一一流佛辯才海。三世一切諸如來．於彼無盡語言海．恆轉理趣妙法輪．我深智力普能入。

【解】毛端的端字、本來是毛的尖頭．很細小的意思。這裏的毛端．也是說一種極細小的東西．同了微塵差不多的意思。六個海字．都是形容又大又多的意思。意樂、是衆生意想裏頭覺得快樂。辯才、是話說得巧妙．旁人說不過他．也辯不過他的意思。

【釋】這一段、同了十地經裏頭的第三大願轉法輪相合的。所有十方世界的許多佛剎．【上邊加一個普字．是說所有十方世界的許多佛剎．都普徧的包括在裏頭．沒有遺漏一個佛剎的。】多到像毫毛那樣的多．一根一根的毛尖．都還要經過過去、現在、未來、三世的長久。所有一切佛世界．同了人世間的國土．我都要周徧的去修行．一直經過許多許多的時劫，都是爲了要請諸佛轉法輪、勸化衆生、救度衆生、的緣故。一切諸佛說起法來，所講的話，都是非常的清淨。【語清淨、是佛所說的話，都是清清楚楚，講修成佛的道理，修成佛的方法，不夾雜別種話的。】佛說話的聲音，各處地方的聲音，完全有的，所以各種人聽了，都像他們自己說的話一樣的聲音，隨順聽的人說慣怎樣的話，就聽到是怎樣的聲音。譬如人世間的人聽了，就覺得是人世間的話，天上的人聽了，就覺得是天上人的話，我們中國人聽了，就像中國話，外國人聽了，就像外國話，所以不論那一道的衆生，聽佛的話，沒有聽不懂的。並且還能夠使得衆生聽了，各各的意思裏頭，都覺得非常的快樂。佛的口才，非常的好，佛說起法來，沒有人能夠同了佛辯論的，也沒有人能夠辯論來勝過佛的。三世一切諸佛。【上邊說十方的佛，這裏說三世的佛，實在說三世，就包括十方在裏頭，說十方，就包括三世在裏頭。】在十方諸佛刹，同了人世間各國的國土裏頭，說無窮無盡高妙的話，都是爲了講演佛法精深的道理，高妙的旨趣，我都用很深切的智慧力，周徧的深入了解。

我能深入於未來盡一切劫爲一念三世所有一切劫爲一念際我皆入。我於一念見三世所有一切人師子亦常入佛境界中如幻解脫及威力。

【解】深入、是一路修上去修進去修到很高很深的意思。如幻的幻字、有變化的意思、也有虛假的意思。能够做幻術的人【幻術、是一種虛假的法術就是出戲法】就會從沒有變出有來或是拿一種不論什麼東西變出人、或是變出畜生來像眞的人、或是眞的畜生一樣。

【釋】這一段、同了十地經裏頭的第七大願淨土相合的。偈文雖然沒有說明白是讚頌淨土但是這八句文字却包含着七種淨土的意義在裏頭所以知道是淨土願第一句到第四句是說第一種同體淨。【同體、是體性相同的意思像水裏頭波的體性不是同了水一樣的麼又像人身上四肢的體不是同了身體一樣的麼所以叫同體淨。○四肢、就是兩手兩足。】第五第六兩句、是說第二種自在義淨。【自在義、是說心已經離開了煩惱的束縛、可以自由自在的意思。】第七句、是說第三種因淨。因又有二種、一叫生因、【生因、是生果的因、像草木的種子、就是草木的生因。】像維摩經上說、布施是菩薩淨土、就是說布施可以莊嚴淨土的意思、那末布施就是淨土的生因了。二叫依因、【依字、是依靠的意思。】依因又有二種、一種叫鏡智淨識、是自受用土所依靠的因。【鏡智、是說智慧光明得很、像明亮的鏡一樣淸淨。就是佛四智裏頭的第一種大圓鏡智。淨識、是識見淸淨得很、實在鏡智同了淨識、意思差不多的。〇四智、在朝暮課誦白話解釋暮時課誦末後、有詳細註解的。】一種叫後智通慧、是他受用土所依靠的因、【後智、也叫後得智、同了根本智、恰巧相反的。根本智、是離開了沒有分別的念頭、只有這個自然有的智慧、所以也叫無分別智。後得智、是有了根本智的後來纔得到的、所以很後得智。通慧的通字、就是神通、慧字、就是智慧、種種神通、都是依了智慧做實在的體性的、所以叫通慧。實在通就是慧、意義是差不多的。受用土、有自受用土、他受用土二種分別、自受用土、是報身受用的國土．他受用土、是初地以上的菩薩所變現的淨土。〇初地菩薩．在佛法大意裏頭有詳細的解釋的。】自受用土．同了他受用土．都是一切諸佛的境界．這種境界就是相淨。【相淨、是相清淨．也就是諸佛境界清淨。】第八句、包括三種淨在裏頭的。如幻、是說第四種果淨．果又有二種．一所生果．就是相淨．二示現果．是碰到什麼機緣．就現什麼奇妙的相。解脫及威力．是說第五受用淨．也就是受用淨土．要得到受用淨土．一定要修到所有的過失完全離去．所有的功德．完全成就。現在說解脫．是解脫煩惱．煩惱能夠解脫．就是離過。所說威力．是有威勢的能力．就是成德。照十地經原來的文句．這一句、有眷屬兩個字．沒有威力兩個字．有眷屬、就是第六住處衆生淨．第七相淨、就是諸佛的境界淨．已經包括在第四果淨裏頭了。這一段裏頭的各種名詞．已經都解釋清楚了．現在再把文句解釋一遍．更加可以明白了。我能深入於未來．盡一切劫爲一念的兩句．是說我能夠一直進到未來的許多時劫．所有一切未來的時劫．都在我一念裏頭。三世所有一切劫．爲一念際我皆入的兩句．是說不但是未來的時劫．那怕過去現在未來三世所有一切的時劫因爲也都在我一念裏頭所以我也能够推進到無窮無盡的時劫裏頭去。我於一念見三世所有一切人師子的兩句是說我在一個念頭裏邊見到三世所有的佛。亦常入佛境界中如幻解脫及威力的兩句是說我也常常到佛的境界裏頭去覺得佛的境界有無窮的變化竟然像幻術的變化一樣非常的解脫沒有一些些的煩惱所以一切的過都能够離開並且還有很大的威嚴很大的能力所以一切的德都能够成就。

於一毛端極微中出現三世莊嚴刹十方塵刹諸毛端我皆深入而嚴淨。所有未來照世燈成道轉法悟羣有究竟佛事示涅槃我皆往詣而親近。

【解】塵刹、是說像微塵那麼多的佛刹。照世燈、是說佛的光、像燈那樣的照在黑暗的地方黑暗就可以明亮。譬喻佛教化了愚癡的衆生愚癡衆生就可以覺悟。羣有、同了前邊有過的諸有一樣的意思。詣字、是去同了到兩種意思。

【釋】這一段、同了十地經裏頭的第六願承事相合的。【承事、是奉承服侍的意思．就是承事一切諸佛。】第一句、說於一毛端極微中．是一根毫毛的尖頭極微細的像微塵差不多的。第二句、出現三世莊嚴剎．是說在一根毫毛尖上邊．出現過去現在未來三世所有很莊嚴的佛剎．那是淨土的一切相．都包括在裏頭了。第三句、十方塵剎諸毛端是說毫毛的多竟然像十方塵剎一樣的多．【佛剎像微塵那麼的多．所以叫塵剎．並且還不是一處地方的塵剎．還是十方世界所有的塵剎。】這一句說的相竟然是無量數的相了。第四句、是說這樣多的佛剎．我都要深深地了解．都要到那裏去．並且還要修到很深的地位。【深入、有兩種．一是智深入．那是用智慧來明白了解諸佛的道理．一是身深入．那是這個報身修到極莊嚴的佛剎那裏去。】到那裏去做什麼呢．是要使得這些佛剎．更加莊嚴．更加清淨．像所有未來的諸佛．成佛道．轉法輪．覺悟世界上一切的衆生。第七第八兩句、是說等到佛所要做的事情．都做完了．就示現涅槃相了．佛有八種相．涅槃相、是最後示現的相。【第一相、降兜率。住在兜率天四千歲．見得到娑婆世界去度衆生的時機已經熟了．就從兜率天乘了白象降世。第二相、入胎。從摩耶夫人的左脇、進到胎裏頭去。第三相、住胎。在摩耶夫人胎裏頭．行住坐臥．一天六個時辰．向諸天說佛法。第四相、出胎。四月八日、在藍毗尼園裏頭．從摩耶夫人右脇生下地來。第五相、出家。十九歲出家．佛看見世界上的一切．都是忽生忽滅．沒有一剎那的時間定住的．所以就從王宮裏頭出來．到山裏頭去出家學佛法了。第六相、成道。佛經過了六年的苦行．在菩提樹下．就得道成佛了。第七相、轉法輪。成道後、或是在天道．或是在人道．說佛法．度衆生．一直經過五十年。第八相、入滅。佛到八十歲的時候．在娑羅雙樹底下．示現涅槃的相。】像佛有這樣種種的現相．我都要到佛那裏去．同了佛時時親近修學佛法。

速疾周徧神通力．普門徧入大乘力．智行普修功德力．威神普覆大慈力．徧淨莊嚴勝福力．無著無依智慧力．定慧方便威神力．普能積

集菩提力．清淨一切善業力．摧滅一切煩惱力．降伏一切諸魔力．圓滿普賢諸行力。

【解】疾字、同了速字一樣的．都是快的意思。普字、本來是周徧的意思．也可以說用這一門．普徧深入一切法門中去．所以叫普門．也可以叫普法。覆字、本來是蓋在上面的意思．也有保護的意思在裏頭．勝福的勝字、是說這種福特別的大．特別的好的意思。摧字、是毀掉的意思。集字、是聚集攏來的意思。

【釋】這一段、同了十地經裏頭的第十大願成佛相合的．願意同了法界衆生．大家都能夠得到正等正覺．意思就是願意大家都成佛。第一句、是說神通力又快又周徧。第二句、是說大乘力能夠周徧的．深入一切法門裏頭去．【大乘力、就是大乘佛法的大力量．不是小乘佛法的小力量．佛菩薩是大乘．緣覺聲聞是小乘】將來都可以成佛。第三第四第五三句、都是說的實諦【所見到的理．眞誠切實．叫實諦。所可以叫眞法。但是法如果不眞就不可以叫實諦。】說實諦、可以使得聽的人、容易覺悟。第三句、是說普徧修學智慧同了行爲的功德、這種功德的力量、都是很大的。第四句、是說威德同了神通、普覆覆護一切衆生的大慈力。第五句、是說又周徧、又淸淨、又莊嚴、特別好的大福報力。【就是成佛的福。】第六句、是說沒有執著、沒有依傍的大智慧力。因爲有所執著、有所依傍、便不是大智慧了。第七句、是說定力、慧力、方便力、威神力、完全都有、就可以說種種的佛法了。第八句、是說能够普徧積集佛道的力、就可以接續佛種、不致於斷絕佛種了。第九句、是說依靠了大的智慧、來淸淨一切善業的力量。第十第十一兩句、是說能够把在心念裏頭的一切煩惱、完全摧滅、在身外邊的一切邪魔、完全降伏的力量。第十二句、是說上邊所說的十一種力、都能够修到了、那是普賢菩薩所修的種種功德的力、也就是都圓滿了、這便是圓滿普賢行願的力量。

普能嚴淨諸刹海、解脫一切衆生海、善能分別諸法海、能甚深入智

慧海。普能淸淨諸行海．圓滿一切諸願海．親近供養諸佛海．修行無倦經劫海。三世一切諸如來．最勝菩提諸行願．我皆供養圓滿修．以普賢行悟菩提。

【解】海、又深又大．世界上所有的一切．沒有比海更大的了．拿海來比願的大．這種大願．還了得麼。並且不是一種二種願．像海那麼大．是所發的一切願．都像海那麼大海水那麼多哩。

【釋】這一段、是像總結前邊十地經裏頭的十大願。有海字的八句．是結前邊的九大願。第一句、普能嚴淨諸刹海．是結第七淨土願。能夠普徧的莊嚴淸淨一切的佛刹．就是使得所有的國土．都變成淨土。第二句、解脫一切衆生海．是結第五成熟衆生願。能夠使得一切衆生都得到解脫．就是衆生都成了佛了．所以說是成熟。第三句、善能分別諸法海．是結第三轉法輪願。分別、是明白透澈的意思．能夠明白透澈一切諸法．都是佛宣講出來的佛法、衆生聽了佛的宣講、纔能夠明白佛道、能字上邊加一個善字、是說佛說法教化衆生、很柔順巧妙明顯的意思。第四句、能甚深入智慧海、是結第二受持願。受持的受字、是受佛的教化、持字、是自己用修行的功夫、深入兩個字、照俗語說起來、就是進去的意思、深入上邊加一個甚字、是進去得極深的意思、在修行的時期、能夠把自己的心思、完全用到智慧裏頭去、那就沒有修不成的。第五句、普能清淨諸行海、是結第四修行二利願。二利、是解脫惑業同了魔境二種害的、除害、就是得利益、所以叫修行二利。惑業魔境、都能夠解脫、那是所修的一切行、自然都清淨了。第六句、圓滿一切諸願海、是結第九利益願。所說的利益、是求衆生的利益、不是求自己的利益、求利益的時間、是沒有窮盡的、求利益的地方、又是很周偏的、願發得大、發得多、利益自然能夠圓滿了。第七句、親近供養諸佛海、是結第六承事、第二供養二願。親近、就是承事、要親近諸佛、就應該要奉承服侍諸佛了、要奉承服侍諸佛、也自然應該要親近佛了、所以文字雖然只說親近供養、實在是承事也包含在裏頭了。第八句、修行無倦經劫海、是結第八不離願、意思是說我不論生在什麼地方．不論是諸佛菩薩．或是善知識．或是同修學的人．我永遠同他們在一處修行．我永遠不離開他們．並且同他們很親近．很和氣．儘管時間很長久了．經過了像海水那樣多的時劫．我也沒有一些些厭倦的心。第九第十第十一第十二四句是結第十成正覺願。所有三世一切諸佛．所修最高最上成佛的各種行願．我都誠誠懇懇的去供養．圓圓滿滿的去修持．學普賢菩薩一樣的行願．一直修到覺悟成佛．前三句、是說修行的因．非常的圓滿．末一句是說究竟學了普賢菩薩的修行方法．能够修到了成佛的果。

一切如來有長子．彼名號曰普賢尊．我今迴向諸善根．願諸智行悉同彼。願身口意恆清淨．諸行刹土亦復然．如是智慧號普賢．願我與彼皆同等。

【解】長字、要在左邊上角加一圈．讀做掌字音。長子、是年歲最大．道德最高的兒子。

【雖然說長子．但是不像俗家那樣自己生的兒子．纔能夠接續傳佛法的人．就稱他做佛的長子．這是傳法的子．不是傳宗接代的子。】智、行、是智慧同了修行的功夫。復字、【要在右角上邊加一圈．讀做負字音。】同了亦字差不多的。亦、復、然、是、也、是這個樣子的意思。同等、是一樣的．沒有高下的意思。

【釋】一切諸佛．都有道德高尙．修行功夫很圓滿的長子。這一位佛的長子．他的名號叫普賢。加一個尊字．是尊重恭敬的意思。我現在把所修的功德善根．完全迴向於普賢菩薩．【諸善根、就是一切功德善行。】願意把我的智慧、功德．【行、就是修的功德。】完全都像普賢菩薩一樣．這就是回因向果。還願意身口意三業．常常淸淸淨淨．沒有一些染汚．一切諸行．一切佛國．也都淸淸淨淨．沒有一些些染汚。像上邊所說那樣的智慧．纔可以號稱普賢。我願意同了普賢菩薩一樣．沒有高下。這偈文本來是普賢菩薩說的．但是又說願意和一切如來的長子普賢菩薩、智慧功德、一樣平等．這裏就證明佛佛道同的道理。

我爲徧淨普賢行．文殊師利諸大願．滿彼事業盡無餘．未來際劫恆無倦。我所修行無有量．獲得無量諸功德．安住無量諸行中．了達一切神通力。文殊師利勇猛智．普賢慧行亦復然．我今迴向諸善根．隨彼一切常修學。

【解】文殊師利、就是文殊菩薩。了達、是明白的意思。

【釋】我爲了要把普賢菩薩所修的種種功行．同了文殊師利菩薩所發的種種大願．完全學習得非常的淸淨。【學習得非常的淸淨．就是學習到程度很高的意思。】兩尊菩薩所有的事業．我也要學習到圓滿的地步．沒有一些些不學到的。並且要一直學習到未來的時劫．沒有一些些厭倦的心。我所修行的佛法．一切都要完全修到沒有限量的。所以能够得到沒有限量的種種功德．安安穩穩的留住在所修的一切行業裏頭。【行業、是修行的事業。】所有一切的神通力．都能够明白曉得。文殊師利菩薩的智慧．

非常的勇猛有力、普賢菩薩的智慧行業、也同了文殊師利菩薩一樣的。我現在把我所修的一切功德善根、都回向於文殊普賢兩位大菩薩、常常跟隨了他們、修學他們所修學的一切。這一段、是讚頌普賢菩薩的行、同了文殊師利菩薩的願的。

三世諸佛所稱歎、如是最勝諸大願、我今迴向諸善根、爲得普賢殊勝行。

【解】殊字、本來是不相同的意思、也可以說是特別的意思。殊勝、是比了特別的還要勝過。

【釋】三世諸佛所稱讚的、這樣最尊最妙的許多大願心。我現在把所修的許多功德善根、完全迴向、這種迴向、爲的是得到普賢菩薩那樣特別高妙的功德。

願我臨欲命終時、盡除一切諸障礙、面見彼佛阿彌陀、即得往生安樂刹。我既往生彼國已、現前成就此大願、一切圓滿盡無餘、利樂一

切衆生界。彼佛衆會咸清淨．我時於勝蓮華生．親覩如來無量光．現前授我菩提記。蒙彼如來授記已．化身無數百俱胝．智力廣大徧十方．普利一切衆生界。

【解】有惡業的人．到臨死的時候．無論這一世、或是前一世、十世、百世、所造的惡業．都在這個人的眼面前現出種種可怕的形狀來．這個人看見了．就驚嚇到了不得．那裏還有投生到安樂世界去的心念．更不必說往生西方了．這種可怕的形狀．都可以阻礙他投生到善道去的．所以叫障礙。【障字、就是阻礙的意思。】可以阻礙的形狀．多得很．說也說不完的．所以叫一切諸障礙。安樂剎、是安樂的佛土．就是西方極樂世界．利樂兩個字．是利益同了安樂的意思。咸字同了皆字一樣的意思。覩字、是看見的意思。菩提記、是佛為了這個往生的人．記將來成佛的名號。俱胝、是一個很大的數目．一個俱胝已經算不清．是多少了．何況百俱胝．何況還不是一個百俱胝．是無數的百俱胝．那裏還可以計算呢。

【釋】願意我到了壽命完盡的時候、所有可以障礙我往生西方極樂世界的、一切惡魔境界、完全除滅。當面見到阿彌陀佛來迎接我、我即刻就可以往生西方極樂世界。我已經生到了極樂世界、這上邊所說的種種大願、都可以完全修學圓滿、決沒有留剩一些些不圓滿的。我的大願、既然都修成了、我就要巴望一切衆生界的衆生、都可以通通得到利益、同了安樂。西方極樂世界的一切法會、都是很清淨的、我在那個時候、就在很奇妙的蓮華裏頭、生出來了、親眼見到佛的無量數的光、我就在佛的面前、承蒙佛的大恩、授記我成佛的名號、我受記了成佛的名號、我就化了無數目可以計算的身相。智慧力量、也都廣大到了不得、周徧到十方世界、去勸化救度一切的衆生、使得一切衆生界、都得到很大的利益。

乃至虛空世界盡、衆生及業煩惱盡、如是一切無盡時、我願究竟恆

無盡。

【解】世界、就是世間。

【釋】上邊所發的種種願。一直要到虛空世界、完全沒有、衆生同了惑業煩惱、也完全沒有。像這樣一切的一切、都沒有窮盡的時候。我的願心、也是沒有窮盡的時候。要曉得虛空世界、衆生、惑業、煩惱、等一切、那裏會有窮盡的時期。若是一切都沒有窮盡的時期、我的願心、也就常常不會窮盡了。

十方所有無邊剎、莊嚴衆寶供如來、最勝安樂施天人、經一切剎微塵劫。若人於此勝願王、一經於耳能生信、求勝菩提心渴仰、獲勝功德過於彼。

【解】勝字、是一個好字眼、看用在什麼地方、就解釋做什麼意思。願王、是願心大到了不得、所以稱做王。仰字、是仰起了頭盼望的意思。加一個渴字、是形容盼望的心非常的深切．像口渴極了急急要喝水一樣的意思。彼字、是指前四句經文所說的功德。

【釋】十方所有多到無邊無際的佛剎．都拿了許多許多很莊嚴的寶貝．來供養一切的佛。再拿最好最妙的安樂．來布施結天道人道的衆生。把所有一切的佛剎．都化成了像微塵那樣的細小．要經過這樣多的時劫。若是有人對這樣深切的大願．一聽到耳朵裏邊．能够生出信心來要求得最高妙的佛道．像口渴的人．盼望有水可以喝到一樣的急。這個人一定會得到最高最大的功德．比了上邊所說．拿許多許多珍寶．來供養十方無量無邊佛剎裏頭的佛．還要勝過。

即常遠離惡知識．永離一切諸惡道．速見如來無量光．具此普賢最勝願。

【解】惡知識同了善知識．恰巧相反的。善知識、是勸化人信佛做好人的。惡知識、是勸人謗佛做壞人的。【謗字、是說壞話的意思。】具字、是有的意思。

【釋】假使有人聽了這十種大願。生起信心。一心求菩提道。這樣、就叫永遠遠離惡知識。不薰染着他們的惡習氣。惡知識遠遠的離開了。那就所見到的人。都是善知識了。大家往來的人。都是善知識。那就不會薰染着惡知識的惡習氣了。祇有一天一天的薰染善知識的善行了。善行薰染得多。那就只會積善業。不會積惡業了。不積惡業。就可以永遠離開一切的惡道了。見到的善知識多了。就一定有佛弟子在裏頭。能夠來勸導學習佛道。那就可以見到諸佛無量無邊的光明了。自己的智慧。也就可以開發了。有了智慧。那末像普賢菩薩那樣最高最妙的大願。就完全都會發生出來了。

此人善得勝壽命。此人善來人中生。此人不久當成就。如彼普賢菩薩行。

【解】勝壽命、是很長很長的壽命。很長很長的壽命。是不容易得的。所以叫善得。

【釋】這個人得到很長很長的壽命。不受到病痛。是常常很安樂的。所以叫善得。這個人生到人世界裏頭來不受苦惱是常常得到樂報的所以叫善來這個人不長久就會修佛道發大願成功像普賢菩薩那樣深切的修行。

往昔由無智慧力所造極惡五無間誦此普賢大願王一念速疾皆消滅。

【解】往昔是從前的意思。這裏的一個由字是因爲的意思五無間是五種永遠受苦沒有間斷的地獄。【在朝暮課誦白話解釋裏頭有詳細解釋的。】

【釋】從前因爲沒有智慧的力量所以造了極惡的五種永遠受苦沒有間斷的惡業。雖然已經造了這五種極惡的業應該要永遠受苦沒有停歇的報應但是只要能夠念這個普賢菩薩的十大願只要轉一個念頭的短時間就會極快極快的、把這種應該要墮落五無間地獄的極重的惡業極苦的惡報完全消滅淨盡了。

族性種類及容色相好智慧咸圓滿諸魔外道不能摧堪爲三界所

應供

【解】族、是一族一族的人。姓、是一姓的人。種、是一種一種的人。類、是一類的人。容、是面貌。色、是皮色。摧、是毀壞消滅的意思。堪、是可以担當的意思。

【釋】他的宗族．他的姓．他的種類．他的容貌．他的顏色．他的形相．他的智慧．都是極爲圓滿。天魔外道．不能够摧害他。這種人、實在够得上受三界衆生的供養。

速詣菩提大樹王．坐已降伏諸魔衆．成等正覺轉法輪．普利一切諸含識。

【解】菩提樹、是一種很大的樹．出在中印度的摩伽陀國。魔衆、是說許多魔鬼。含識、就是有情的．【有情、是有情感的意思。】所以六道衆生．都稱含識。

【釋】菩提樹所以稱大樹王．不但是因爲這種樹特別的大．還因爲釋迦牟尼佛在沒有成佛的前．苦修了六年．忽然覺悟．想到過去的一切諸佛．都到菩提樹下去降伏許多魔鬼。修成佛道的。所以就到尼連河去、削髮沐浴。坐在菩提樹下成佛。這四句偈、就是讚歎聽到了普賢菩薩十大願王。就生起信心來。求菩提道的人。他能夠很快在菩提樹下。降伏種種的魔鬼。魔鬼既然降伏了。就很淸淨了。就可以一心修道成佛了。成了佛。就可以轉法輪。勸化衆生。使得一切的六道衆生。都普徧的得到無窮的利益。

若人於此普賢願。讀誦受持及演說。果報惟佛能證知。決定獲勝菩提道。

【解】讀誦受持、都是自己修行。不過受持還包括用功學習的意思在裏頭。演說、是宣講給大衆人聽。

【釋】若是有人把這種普賢菩薩的十大願。自己念誦學習。還要向衆生演講勸化。修了這種功德。就一定會得到很好的果報。這種果報。只有佛能夠證明白。決定能夠得到極尊極高的佛道。

若人誦此普賢願．我說少分之善根．一念一切悉皆圓．成就衆生清淨願。

【解】少分的分字、要在右角上邊加一圈讀做份字音。少分、就是全部份裏頭的一小部份。

【釋】若是有人念誦這種普賢菩薩的十大願王．我只說一小部份的善根．【就是說一小部份的願心善根．就是大願。】只要一念之間．就可以圓滿一切的功德．【所說的一切．就是衆生大家都有的各種願心。】圓滿成就衆生的淸淨願心。

我此普賢殊勝行．無邊勝福皆迴向．普願沉溺諸衆生．速往無量光佛刹。

【解】溺字、是沉在水裏頭的意思。無量光佛刹、就是西方極樂世界。因爲阿彌陀經上．有阿彌陀佛光明無量的一句經．所以可以說就是西方極樂世界。

【釋】普賢菩薩這種非常深妙的修行功德．當然可以得到無量無邊特別的福報．我都拿來代一切衆生回向。我願意把沉溺在苦海裏頭的一切衆生．希望他們普徧的趕快到西方淨土去。

爾時普賢菩薩摩訶薩．於如來前．說此普賢廣大願王淸淨偈已。善財童子．踴躍無量。一切菩薩．皆大歡喜。

【解】菩薩摩訶薩、是梵語．翻譯中國文．就是大菩薩。這裏的淸淨兩個字、是沒有一些些別的念頭夾雜在裏頭的意思。淸淨偈、是完全讚頌十大願王的．不夾雜一些些別種意思在裏頭的。已字、是完了、停歇了、的意思。踴躍、是高興得了不得．竟然蹤跳起來了。

【釋】在那個時候．普賢大菩薩在佛的面前．把這種普賢廣大願王淸淨偈說完了。【大字上、加一個廣字．是又大又多的意思。】善財童子聽了．歡喜到了不得．不知不覺的蹤跳起來了。所有各處來到法會裏頭、聽普賢大菩薩說十大願王的一切菩薩．無量無邊的多也都是大大的歡喜。

如來讚言善哉善哉。

【解】佛菩薩不論稱讚什麼人、或是什麼事、總是說善哉善哉的、實在是同了在家人說妙極妙極一樣的意思。

【釋】這一品經文所說的、是行願、能說的、是普賢菩薩。所引導衆生的、是歸到西方極樂世界去。能夠引導衆生的、是普賢菩薩十大願王。佛聽了普賢菩薩、再三再四的勸化衆生、也覺得歡喜得很、稱讚普賢菩薩演講得好、所以說善哉善哉。

爾時世尊、與諸聖者菩薩摩訶薩、演說如是不可思議、解脫境界、勝法門時。

【解】諸聖者、是許多聖人、在佛法裏頭、凡是阿羅漢、緣覺、菩薩、都可以稱聖人的。法門、同了單用一個法字、意思是一樣的。

【釋】佛在那個時候、就向許多聽法的聖人、同了許多大菩薩、演說如是不可思議解脫境界的勝法門的時候。【不可思議解脫境界、在解釋經題裏頭、已經詳細講過的。】

文殊師利菩薩而爲上首。諸大菩薩、及所成熟六千比丘。彌勒菩薩而爲上首、賢劫一切諸大菩薩。無垢普賢菩薩而爲上首。一生補處住灌頂位諸大菩薩。及餘十方種種世界、普來集會、一切刹海極微塵數諸菩薩摩訶薩衆。

【解】在一個法會裏頭、無數的聽衆中間、分開菩薩歸菩薩的座位、比丘歸比丘的座位、金剛歸金剛的座位、每一類的聽衆、就在他們一類裏頭、推舉一位或是數位數十位、做領衆、這領衆的人、就稱上首。賢劫、是一個中劫。【在阿彌陀經白話解釋無量無邊阿僧祇劫一句底下、解釋劫字很詳細的。】中劫、有成、住、壞、空、四種。已經過去的住劫、叫莊嚴劫。未來的住劫、叫星宿劫。現在的住劫、就叫賢劫。在這個賢劫裏頭、有一千尊佛出世、所以稱讚這一劫叫賢劫．也叫善劫。一生補處、大畧講講、是就在這一生可以補到佛位。【倘然要明白詳細、在阿彌陀經白話解釋．其中多有一生補處一句底下．有詳細解釋的。】灌頂是印度的天竺國王．接王位的時候．用東南西北四大海的水．灌在王子的頭頂上．就叫灌頂。密宗的禮節裏頭．【佛教分別好多宗派．的有密宗、相宗、禪宗、律宗、淨宗、等種種名目。像我們念佛求生西方的．就叫淨宗。】也有灌頂的．灌頂的名目很多的．有傳教灌頂．受教灌頂．滅罪灌頂．成就灌頂．求果灌頂等．大畧說說．曉得些名目罷了．不能够詳細解釋了。

【釋】這一段經文、是結束聽法的人．總共分做四起．文殊師利菩薩做上首的一起．有許多大菩薩．同了修行已經成熟的比丘六千人。【成熟、同了成就差不多的．就是已經快要修成功的意思。】彌勒菩薩做上首的一起．有賢劫時代的一切大菩薩。無垢普賢菩薩做上首的一起．有許多一生就可以補到佛位的菩薩．同了許多安住在灌頂位的菩薩。【安住灌頂位、是指有受灌頂資格的大菩薩。】還有十方種種世界的菩薩．都普偏的來集會像海水那麼多的一切佛剎、化成了微塵那麼多的大菩薩、又是一起。

大智舍利弗、摩訶目犍連等、而爲上首、諸大聲聞。並諸人天一切世主、天、龍、夜叉、乾闥婆、阿修羅、迦樓羅、緊那羅、摩睺羅伽、人非人等、一切大衆。

【解】世主、是世界上的主、像天上的天帝、人世界的帝王、都是的。

【釋】舍利弗聽到佛弟子馬勝說的一個偈、就證得了須陀洹果、智慧是很了不得的。所以稱他大智。目犍連的神足、最了不得【神足在阿彌陀經白話解釋供養他方十萬億佛一句底下講得很明白的。】能夠飛行到十方世界去的。在他們兩位大菩薩做上首的一起裏頭、有許多的大聲聞、同了天道人道的一切世界上的帝王、又有天上的人、龍、夜叉、乾闥婆、阿修羅、迦樓羅、緊那羅、摩睺羅伽、人非人等、一切衆生。從夜叉到人非人、都是生在世界上的時候、造業太重、所以墮落到那些道裏頭去的。諸佛大發慈悲、哀憐

他們受苦沒有出頭的日子．早就叫他們種了許多善根的．所以能够來到法會裏頭．做外場的護法。【外場、是會場的外面。】

聞佛所說．皆大歡喜．信受奉行。

【解】信、是沒有一些些疑惑。受、是完全領受．不漏掉一句。奉字、是依照佛菩薩的所說。行字、是修行學習。

【釋】從前邊文殊師利菩薩起．一直到人非人等．凡是在法會裏頭聽到佛說法的一切大衆．都是大大的歡喜．都是深信領受．依了佛所教的各種法門．誠心誠意的修學。

國家圖書館出版品預行編目資料

普賢行願品白話解釋／黃智海演述. -- 初版. -- 新北市：華夏出版有限公司, 2023.11
面； 公分. --（圓明書房；026）
ISBN 978-626-7296-44-8（平裝）
1.CST：華嚴部

221.2 112007124

圓明書房 026
普賢行願品白話解釋

演　述　黃智海
鑑　定　妙真法師
印　刷　百通科技股份有限公司
電話：02-86926066 傳真：02-86926016
出　版　華夏出版有限公司
220 新北市板橋區縣民大道 3 段 93 巷 30 弄 25 號 1 樓
電話：02-32343788 傳真：02-22234544
E-mail：pftwsdom@ms7.hinet.net
總經銷　貿騰發賣股份有限公司
新北市 235 中和區立德街 136 號 6 樓
電話：02-82275988 傳真：02-82275989
網址：www.namode.com
版　次　2023 年 11 月初版一刷
特　價　新臺幣 300 元（缺頁或破損的書，請寄回更換）

ISBN-13：978-626-7296-44-8